"十四五"时期国家重点出版物出版专项规划项目

"中国山水林田湖草生态产品监测评估及绿色核算"系列丛书

王 兵 ■ 总主编

# 内蒙古通辽市生态空间
## 绿色核算与碳中和研究

宝金山 王 兵 王永福 李慧杰

丰 洁 牛 香 宝 虎 王 岩 ■ 著

中国林业出版社
China Forestry Publishing House

**图书在版编目（CIP）数据**

内蒙古通辽市生态空间绿色核算与碳中和研究 / 宝金山等著． -- 北京 ： 中国林业出版社 ，2024.1

（"中国山水林田湖草生态产品监测评估及绿色核算"系列丛书）

ISBN 978-7-5219-2472-5

Ⅰ．①内… Ⅱ．①宝… Ⅲ．①生态经济－经济核算－研究－通辽 Ⅳ．① F127.263

中国国家版本馆 CIP 数据核字（2023）第 236937 号

策划编辑：于界芬　于晓文

责任编辑：于晓文

出版发行　中国林业出版社（100009，北京市西城区刘海胡同 7 号，电话 010-83143549）

电子邮箱　cfphzbs@163.com

网　　址　www.forestry.gov.cn/lycb.html

印　　刷　河北京平诚乾印刷有限公司

版　　次　2024 年 1 月第 1 版

印　　次　2024 年 1 月第 1 次印刷

开　　本　889mm×1194mm　1/16

印　　张　10.75

字　　数　230 千字

定　　价　98.00 元

# 《内蒙古通辽市生态空间绿色核算与碳中和研究》 著者名单

**项目完成单位：**

通辽市林业和草原局

通辽市林业和草原科学研究所

中国林业科学研究院森林生态环境与自然保护研究所

中国森林生态系统定位观测研究网络（CFERN）

国家林业和草原局典型林业生态工程效益监测评估国家创新联盟

内蒙古特金罕山森林生态系统国家定位观测研究站

**项目首席科学家：**

王　兵　中国林业科学研究院森林生态环境与自然保护研究所

**项目组成员**（按姓氏笔画排序）：

| | | | | | |
|---|---|---|---|---|---|
| 丰　洁 | 王　兵 | 王　岩 | 王　南 | 王巴图 | 王以惠 | 王永福 |
| 王克达 | 王雪美 | 牛　香 | 包敖民 | 冯晓峰 | 伊晓菲 | 刘　润 |
| 刘艳军 | 刘福庆 | 许庭毓 | 闫　盟 | 寿　烨 | 李　想 | 李云翔 |
| 李向峰 | 李宝源 | 李婉婷 | 李慧杰 | 杨　璐 | 杨斯日古楞 | 邱晓涵 |
| 邹俊明 | 辛　明 | 宋庆丰 | 宋嫣然 | 张　超 | 张金旺 | 罗佳妮 |
| 周　阳 | 宝　虎 | 宝金山 | 孟根达来 | 赵宇飞 | 胡格吉乐图 | 哈斯巴特尔 |
| 姜　鹏 | 铁　龙 | 高云峰 | 高梅荣 | 高皓丹 | 郭　珂 | 郭雅君 |
| 陶利人 | 斯日古楞 | 韩舒羽 | 韩扎拉干白拉 | 满都拉 | 蔡云辉 | 额尔敦塔娜 |

**编写组成员：**

宝金山　王　兵　王永福　李慧杰　丰　洁　牛　香　宝　虎
王　岩

# 特别提示

1. 生态空间是指具有自然属性，以提供生态服务或生态产品为主体功能的国土空间，包括森林、草原、湿地、河流、湖泊、滩涂、岸线、荒地、荒漠、戈壁、冰川、高山冻原、无居民海岛等，本研究所指的生态空间主要包括森林、草地和湿地生态系统。

2. 基于生态空间生态系统连续观测与清查体系，开展通辽市生态空间绿色核算与碳中和研究，包括科尔沁区、霍林郭勒市、科尔沁左翼中旗、科尔沁左翼后旗、开鲁县、库伦旗、奈曼旗和扎鲁特旗等 8 个旗县（市、区）。

3. 评估所采用的数据源包括：①通辽市森林、湿地、草地资源调查更新数据：按照《自然资源调查监测体系构建总体方案》的框架，通辽市森林、湿地、草地资源调查更新数据与第三次全国国土调查数据对接融合得到资源数据；②生态空间生态连清数据集：通辽市境内及周边陆地生态系统野外科学观测研究站和长期定位观测研究站的长期监测数据；③社会公共数据集：国家权威部门、内蒙古自治区及通辽市公布的社会公共数据。

4. 依据国家标准《森林生态系统服务功能评估规范》（GB/T 38582—2020）、行业标准《湿地生态系统服务评估规范》（LY/T 2899—2017）以及《草原生态评价技术方案》，按照支持服务、调节服务、供给服务和文化服务四大服务类别，保育土壤、植被养分固持、涵养水源、固碳释氧、净化大气环境与降解污染物、森林防护、生物多样性保护与栖息地、提供产品、湿地水源供给和生态康养 10 项功能类别对通辽市生态空间生态产品进行核算。

5. 当现有的野外观测值不能代表同一生态单元同一目标林分类型的结构或功能时，为更准确获得这些地区生态参数，引入森林生态系统服务修正系数，以反映同一林分类型在同一区域的真实差异。

凡是不符合上述条件的其他研究结果均不宜与本研究结果简单类比。

# 前　言

　　党的十八大以来，通辽市上下高度重视生态保护修复工作，坚持以习近平生态文明思想为指引，牢固树立和践行"两山"理念，按照习近平总书记关于筑牢祖国北疆生态安全屏障、在祖国北疆构筑起万里绿色长城的殷切希望和要求，统筹推进山水林田湖草沙系统治理，以创建国家森林城市为统领，以全面推行"林长制"为抓手，高度重视重点区域绿化和乡村绿化美化等工作，不断提升城乡造林绿化水平，持续拓展绿色生态空间。

　　通辽市位于内蒙古自治区东部、松辽平原西端，是科尔沁草原和科尔沁沙地的主体地区，属《全国重要生态系统保护和修复重大工程总体规划（2021—2035年）》的北方防沙带，生态区位十分重要，境内分布着山地、草原、沙漠、森林、湿地、湖泊等自然形态。由于地处科尔沁沙地腹地，是全国遭受土地沙化危害最严重地区之一。根据全国第五次、第六次荒漠化和沙化监测显示，通辽市2010—2019年荒漠化和沙化呈现双缩减趋势。自三北防护林工程实施以来，通辽市经过45年的持续奋斗，3000多万亩沙化土地得到有效治理，极重度沙化面积减少了36%，科尔沁沙地呈现"生态状况恶化整体稳定遏制，重点治理区域全面好转"的局面。

　　2023年6月6日，习近平总书记在内蒙古考察时强调，努力创造新时代中国防沙治沙新奇迹，把祖国北疆这道万里绿色屏障构筑得更加牢固。通辽市是科尔沁沙地歼灭战的主战场、主阵地，作为三北防护林四期工程地级示范市，三北防护林工程是通辽市生态建设重要支撑。

　　2018年7月1日，《通辽市罕山国家级自然保护区条例》正式实施，基本形成以自然保护区为基础、各类自然公园为补充的自然保护地体系；森林草原火灾和有害生物得到有效防控。通辽市生态环境质量明显改善，被全国绿化委员会、国家林业和草原局授予"全国造林绿化模范城市"称号。2018年以来，通辽市高度重视矿山生态修复治理工作，实施了退耕还林还草等生态修复工程，完成了从"煤城"到"绿都"的身份转变。

2021年，通辽市政府成立市生态保护修复重大项目推进中心，成功争取并启动实施投资近100亿元的科尔沁沙地山水林田湖草沙一体化保护和修复工程、欧投行贷款造林项目。同时，按照习近平总书记关于"保护草原、森林是内蒙古生态系统保护的首要任务"的要求，全面加强天然草原和公益林保护管理。落实最严格的草原生态环境保护制度，全面启动基本草原划定和调整工作，严格执行《中华人民共和国草原法》《内蒙古自治区草原管理条例》等法律法规，落实基本草原保护制度、禁牧休牧和草畜平衡制度；通辽市政府印发了《关于严格禁垦禁牧加强森林草原生态保护的通知》，各旗县（市、区）均发布禁牧公告；开展禁牧休牧执法集中专项行动，坚决打击违法放牧行为，确保禁牧工作取得实效。

2021年10月，国家林业和草原局发布国家林草生态综合监测站遴选名单，全国40个野外科学观测研究站成功入选。国家林草生态综合监测的实践与生态产品核算紧密相连，森林生态产品核算基于4项国家标准《森林生态系统长期定位观测研究站建设规范》(GB/T 40053—2021)、《森林生态系统定位观测指标体系》(GB/T 35377—2017)、《森林生态系统长期定位观测方法》(GB/T 33027—2016)和《森林生态系统服务功能评估规范》(GB/T 38582—2020)进行，并应用森林生态系统服务连续观测与清查技术（简称"森林生态连清"）。森林生态连清技术依托CFERN实现了森林生态功能的全面监测，森林生态系统定位观测站的建立有利于实现林草生态监测数据统一采集、统一处理、综合评价，形成统一时点的林草生态综合监测评价成果，支撑林草生态网络感知系统，服务林草资源监管、林长制督查考核以及碳达峰碳中和战略。

2022年3月，习近平总书记在首都参加义务植树活动时强调：森林是水库、钱库、粮库，现在应该再加上一个"碳库"；森林和草原对国家生态安全具有基础性、战略性作用，林草兴则生态兴；现在，我国生态文明建设进入了实现生态环境改善由量变到质变的关键时期；我们要坚定不移贯彻新发展理念，坚定不移走生态优先、绿色发展之路，统筹推进山水林田湖草沙一体化保护和系统治理，科学开展国土绿化，提升林草资源总量和质量，巩固和增强生态系统碳汇能力，为推动全球环境和气候治理、建设人与自然和谐共生的现代化作出更大贡献。

为深入落实习近平生态文明思想，全面贯彻党的十九大和十九届二中、三中、四中、五中全会精神，统筹推进山水林田湖草沙一体化保护和修复，服务碳达峰碳中和战略，进一步提升森林、草原、湿地资源及生态状况综合监测评价中生态系统监测和评价分析能力，国家林业和草原局发布了《关于开展国家林草生态综合监测评价工作的通知》，决定开展国家林草生态综合监测评价工作，并制定了林草生态综合监测评价体系以及技术方案和技术规程，为进一步掌握国家林草生态状况以及生态文明建设提供更加科学精准详实的决策依据。这是用系统观念推进山水林田湖草沙综合治理、实施碳达峰碳中和战略和推动林草工作高质量发展的基础性工作。

　　目前，碳中和问题成为政府和社会大众关注的热点。在实现碳中和的过程中，除了提升工业碳减排能力外，增强生态系统碳汇功能也是主要的手段之一，森林作为陆地生态系统的主体必将担任重要的角色。但是，由于碳汇方法学上的缺陷，我国森林生态系统碳汇能力被低估。为此，王兵研究员提出了森林全口径碳汇，即森林全口径碳汇＝森林资源碳汇（乔木林＋竹林＋特灌林）＋疏林地碳汇＋未成林造林地碳汇＋非特灌林灌木林碳汇＋苗圃地碳汇＋荒山灌丛碳汇＋城区和乡村绿化散生林木碳汇＋土壤碳汇。第三期中国森林资源核算得出，我国森林全口径碳汇每年达4.34亿吨碳当量，相当于中和了2018年工业碳排放量的15.91%，且近40年来我国森林全口径碳汇量相当于中和了1978—2018年全国工业碳排放量的21.55%。森林全口径碳汇可起到显著的碳中和作用，对于生态文明建设整体布局具有重大的推进作用。

　　在我国生态安全战略格局建设的大形势下，精准量化绿水青山生态建设成效，科学评估金山银山生态产品价值，是深入贯彻和践行"两山"理念的重要举措和当务之急。生态功能评估的精准化、生态效益补偿的科学化、生态产品供给的货币化是实现绿水青山向金山银山转化的必由之路。为更好地践行习近平总书记提出的"两山"理念和"3060碳达峰碳中和"战略目标，以及绿色发展理念，积极推动生态文明建设，2022年7月20日上午，通辽市林业和草原局、中国林业科学研究院森林生态环境与自然保护研究所在通辽市举行"通辽市生态空间绿色核算与碳中和评估"项目启动仪式。通辽市以境内及周边陆地生态系统野外科学观测研究站和长期定位观测研究站的长期监测数据为技术依托，结合其森林、湿地、草地资源的实际情况，基于通辽市森林、湿地、草地资源调查更新数据与第三次全国国土调查数据对接融合得到的资源数据，以国家标准《森林生态系统服务功能评估规范》(GB/T 38582—2020)、行业标准《湿地生态系统服务评估规范》(LY/T 2899—2017) 以及《草原生态评价技术方案》为依据，采用分布式测算方法，按照支持服务、调节服务、供给服务和文化服务四大服务类别，保育土壤、植被养分固持、涵养水源、固碳释氧、净化大气环境与降解污染物、森林防护、生物多样性与栖息地保护、提供产品、湿地水源供给和生态康养共 10 项生态系统服务功能对通辽市生态空间生态产品及森林全口径碳中和进行核算。评估结果显示：通辽市 2020 年生态空间总价值量为 958.02 亿元 / 年，其中支持服务 159.54 亿元 / 年、调节服务 494.25 亿元 / 年、供给服务 114.55 亿元 / 年、文化服务 189.68 亿元 / 年。另外，通辽市森林全口径碳中和量（碳当量）为 144.48 万吨 / 年，相当于中和了 2020 年通辽市碳排放量的 47.45%，显著发挥了森林碳中和作用。

本研究用详实的数据为全力打好科尔沁沙地歼灭战，筑牢我国北方重要生态安全屏障提供了数据支撑，诠释了"两山"理念，对于"绿水青山"的保护和建设进一步扩大了"金山银山"体量，生态效益得以持续稳定地发挥，改善了区域生态环境，增强了森林"四库"功能，极大地提升了区域生态承载力，为通辽地区生态保护和高质量战略的实施筑起了一道绿色屏障，对推进新时代社会主义生态文明建设提供了良好生态条件。了解通辽地区生态系统服务的变化和特点，为通辽市的生态系统管理、重点区域生态保护和修复等提供科学依据和技术支撑。

著 者

2023年7月

# 目　录

# 通辽市生态空间生态连清技术体系

　　森林、草地和湿地等生态系统为主体构成的生态空间为人类生存提供各种各样的生态产品，在生态文明建设中发挥着重要作用。在我国生态安全战略格局建设的大形势下，精准量化通辽市生态空间生态产品价值，摸清通辽市生态空间生态产品状况、功能效益，是深入贯彻落实"两山"理念，用系统观念推进山水林田湖草沙综合治理，推动通辽市生态文明建设及其高质量发展的重要任务。

> 　　生态空间：是指具有自然属性，以提供生态服务或生态产品为主体功能的国土空间，包括森林、草原、湿地、河流、湖泊、滩涂、岸线、荒地、荒漠、戈壁、冰川、高山冻原、无居民海岛等。本研究所指的生态空间主要包括森林、湿地、草地生态系统。

　　生态产品中的"产品"一词在《现代汉语词典》中被解释为"生产出来的物品"。生态产品概念首次被提出是在 2010 年国务院发布的《全国主体功能区规划》中，被定义为："维系生态安全、保障生态调节功能、提供良好人居环境的自然要素，包括清新的空气、清洁的水源和宜人的气候等。"生态产品同农产品、工业品和服务产品一样，都是人类生存发展所必需的产品。此时生态产品概念的提出仅仅是为我国制定主体功能区规划提供重要科学依据和基础，其目的是为了解决国土空间优化问题。

　　曾贤刚（2014）等认为生态产品是指维持生命支持系统、保障生态调节功能、提供环境舒适性的自然要素，包括干净的空气、清洁的水源、无污染的土壤、茂盛的森林和适宜的气候等。孙庆刚（2015）等认为生态产品本身是自然的产物，并不是人类生产或创造的，但从人类需求的角度观察，该类产品又是不可或缺的，与物质产品、文化产品一起构成支撑现代人类社会生存和发展的三大类产品；鉴于"生态产品"的两种概念具有完全不同的内涵与外延，经济学属性差别较大，其建议今后学术研究中对所提到的生态产品必须明确界定其涵义。

高晓龙（2020）等通过对生态产品价值实现相关研究综述认为，生态系统调节服务是狭义上的生态产品，而广义上的生态产品则是具有正外部性的生态系统服务，包括生态有机产品、调节服务、文化服务等。自然资源部有关部门认为能够增进人类福祉的产品和服务来源于自然资源生态产品和人类的共同作用，这就是生态产品概念的内涵和外延（张兴等，2020）。王金南等（2021）将生态产品定义为生态系统通过生态过程或与人类社会生产共同作用为增进人类及自然可持续福祉提供的产品和服务。张林波（2021）等将生态产品定义为"生态系统生物生产和人类社会生产共同作用提供给人类社会使用和消费的终端产品或服务，包括保障人居环境、维系生态安全、提供物质原料和精神文化服务等人类福祉或惠益，是与农产品和工业产品并列的、满足人类美好生活需求的生活必需品"。与上述已有生态产品的定义相比，该研究对生态产品概念的定义具有 3 个鲜明的特点：①将生态产品定义局限于终端的生态系统服务；②明确了生态产品的生产者是生态系统和人类社会；③明确了生态产品含有人与人之间的社会关系。

上述关于生态产品的定义均是基于《全国主体功能区规划》中生态产品定义发展而来，相关定义中，张林波（2021）等对生态产品的定义较为清晰，但是其定义的生态产品所涵盖的内容范围小于生态系统服务，只是生态系统服务中直接对人类社会有益、直接被人类社会消费的服务和产品，不包含生态系统服务中的支持服务、间接过程和资源存量。由此看来，该定义与本研究中生态产品所指范围不相符，其余研究者对生态产品的定义也大都未将生态系统四大服务都包含在内。鉴于此，参考以上生态产品定义和国家标准 GB/T 38582—2020 中"森林生态产品"定义，结合本研究内容，定义生态产品。

> 生态产品：是指人类从生态空间中获得的各种惠益，本研究具体指由构成生态空间的森林、草地、湿地生态系统提供的供给服务、调节服务、文化服务和支持服务所形成的产品。

生态连清技术体系可以为通辽市生态空间生态产品的精准核算提供科学依据。生态连清技术体系是采用长期定位观测技术和分布式测算方法，依托生态系统长期定位观测网络，连续对同一生态系统进行全指标体系观测与清查，获取长期定位观测数据，耦合生态空间森林、湿地、草地资源数据，形成生态空间生态产品绿色核算体系，以确保生态空间生态产品绿色核算的科学性、合理性和精准性。

通辽市生态空间生态产品监测与评估基于通辽市生态空间生态产品连续观测与清查体系（简称"生态连清体系"）（图 1-1），是指以生态地理区划为单位，以通辽市境内及周边陆地生态系统野外科学观测研究站和长期定位观测研究站为依托，与通辽市森林、湿地、草地资源更新数据相耦合，对通辽市生态空间生态产品进行全指标、全周期、全口径观测与评估。

通辽市生态空间生态产品连清技术体系由野外观测连清体系和分布式测算评估体系两

部分组成，生态空间生态产品连清技术体系的内涵主要反映在这两大体系中。野外观测连清体系包括观测体系布局、观测站点建设、观测标准体系和观测数据采集传输系统，是数据保证体系，其基本要求是统一测度、统一计量、统一描述。分布式测算评估体系包括分布式测算方法、测算评估指标体系、数据源耦合集成、生态系统服务修正系数和评估公式与模型包，是精度保证体系，可以解决生态空间异质性交错、生态功能结构复杂、生态产品类型多样以及生态状况变化多端导致的测算精度难以准确到全生态空间、全口径、全周期、全指标的最前沿科学问题。

**图 1-1　通辽市生态空间生态产品连续观测与清查体系框架**

# 第一节　野外观测连清体系

## 一、观测体系布局与建设

　　野外观测技术体系是构建通辽市生态产品生态连清体系的重要基础，为了做好这一基础工作，需要考虑如何构架观测体系布局。陆地生态系统定位观测研究站与通辽市及周边各类森林、湿地、草地监测点作为通辽市生态空间生态产品监测的两大平台，在建设时坚持"统一规划、统一布局、统一建设、统一规范、统一标准、资源整合、数据共享"原则。

　　生态空间监测站网布局是以典型抽样为指导思想，以水热分布和立地条件为布局基础，选择具有典型性、代表性和层次性明显的区域完成森林、草地、湿地生态站网布局。例如森林生态站网布局，首先，依据《中国林业区划》（吴中伦，1997）和《中国生态地理区域系统研究》（郑度，2008）两大区划体系完成通辽市森林生态区划，并将其作为森林生态站网布局的基础。其次，将通辽市境内属于国家重点生态功能区、国家生态屏障区、生物多样性保护优先区、全国重要生态系统保护和修复重大工程区的区域作为森林生态站的重点布局区域（郭慧，2014）。最后，将通辽市森林生态区划和重点森林生态站布局区域相结合布局森林生态站，确保每个森林生态区内至少有一个森林生态站。此外，森林生态分区内如有国家重点生态功能区、国家生态屏障区、生物多样性保护优先区、全国重要生态系统保护和修复重大工程区，则优先布局森林生态站。

> 　　森林生态系统定位观测研究站（简称"森林生态站"）是通过在典型森林地段，建立长期观测点与监测样地，对森林生态系统的组成、结构、生产力、养分循环、水循环和能量利用等在自然状态下或某些人为活动干扰下的动态变化格局与过程进行长期定位观测，阐明森林生态系统发生、发展、演替的内在机制和自身的动态平衡，以及参与生物地球化学循环过程的长期定位观测站点。

　　通辽市生态系统野外科学观测研究站和长期定位观测研究站（简称生态监测站）在生态产品监测评估与绿色核算中扮演着极其重要的角色。本次评估所采用的数据主要来源于通辽市境内的生态监测站，并利用周边相同生态区位站点及中国科学院、北京林业大学、东北林业大学、内蒙古农业大学建立的实验样地对数据进行补充和修正。这些生态站中，森林生态站包括内蒙古境内的大兴安岭站、特金罕山站、赛罕乌拉站、赤峰站、七老图山站以及黑龙江省境内的嫩江源站，河北省境内的塞罕坝站，辽宁省境内的辽河平原站、医巫闾山站等；湿地生态站包括内蒙古境内的大兴安岭汗马站、额尔古纳站、呼伦湖站，黑龙江境内的三江平原站、扎龙站以及吉林境内的莫莫格站和查干湖站；草原生态站为内蒙古呼伦贝尔站。

　　目前，通辽市及周围的生态监测站和辅助监测点在空间布局上能够充分体现区位优势和地域特色，兼顾了生态监测站在国家和地方等层面的典型性和重要性，并且已形成了层次清晰、代表性强的生态空间监测站网，可以负责相关站点所属区域的生态连清野外监测工作（图1-2、表1-1）。

　　借助上述生态监测站以及辅助监测点，可以满足通辽市生态空间生态产品监测评估和科学研究需求。随着政府对生态环境建设形势认识的不断发展，必将建立起通辽市生态空间生态产品监测的完备体系，为科学全面地评估通辽市生态建设成效奠定坚实的基础。同时，通过各生态监测站长期、稳定地发挥作用，必将为健全和完善国家生态监测网络，特别是构建完备的林业及其生态建设监测评估体系作出重大贡献。

图 1-2　通辽市陆地生态系统野外科学观测研究站布局

表 1-1　通辽市所处生态区森林、湿地、草地生态站基本情况

| 植被气候区 | 地带性森林植被 | 旗（县、市） | 野外科学观测站 |
|---|---|---|---|
| 东北温带针叶林及针阔叶混交林地区 | 大兴安岭山地兴安落叶松林区 | 扎鲁特旗、科尔沁左翼中旗 | 内蒙古大兴安岭森林生态站 |
| | | | 黑龙江嫩江源森林生态站 |
| | 松嫩辽平原草原草甸散生林区 | 科尔沁区、科尔沁左翼中旗、科尔沁左翼后旗、开鲁县、库伦旗、奈曼旗和扎鲁特旗 | 辽宁辽河平原森林生态站 |
| | | | 辽宁医巫闾山森林生态站 |
| 内蒙古东部森林草原及草原地区 | 呼伦贝尔及内蒙古东南部森林草原区 | 霍林郭勒市、扎鲁特旗 | 河北塞罕坝人工林生态站 |
| | | | 内蒙古赤峰森林生态站 |
| | | | 内蒙古特金罕山森林生态站 |
| | | | 内蒙古赛罕乌拉森林生态站 |
| | | | 内蒙古七老图山森林生态站 |

（续）

| 植被气候区 | 地带性森林植被 | 旗（县、市） | 野外科学观测站 |
|---|---|---|---|
| 东北湿地区 | 森林沼泽 | 通辽市 | 内蒙古大兴安岭汗马湿地生态站 |
| | | | 内蒙古额尔古纳湿地生态站 |
| | 草本沼泽 | 通辽市 | 黑龙江三江平原湿地生态站 |
| | | | 黑龙江扎龙湿地生态站 |
| | | | 吉林莫莫格湿地生态站 |
| | | | 吉林查干湖湿地生态站 |
| 蒙宁干旱半干旱草原生态区 | 内蒙古呼伦贝尔草甸草原、典型草原、疏林草地 | 通辽市 | 内蒙古呼伦贝尔草原生态站 |

## 二、监测评估标准体系

监测评估标准体系是生态连清体系的基本法则。通辽市森林生态产品的监测与评估严格依据国家标准《森林生态系统长期定位观测研究站建设规范》（GB/T 40053—2021）、《森林生态系统长期定位观测指标体系》（GB/T 35377—2017）、《森林生态系统长期定位观测方法》（GB/T 33027—2016）和《森林生态系统服务功能评估规范》（GB/T 38582—2020），4项国家标准之间的逻辑关系从"如何建站"到"观测什么"再到"如何观测"以及"如何评估"（图 1-3、图 1-4），严格规范了森林生态连清体系的标准化工作流程。

湿地生态产品监测依据国家标准《重要湿地监测指标体系》（GB/T 27648—2011）和行业标准《湿地生态系统服务评估规范》（LY/T 2899—2017）开展监测评估工作。草地生态产品监测与评估根据《草地气象监测评价方法》（GB/T 34814—2017）和《北方草地监测要素与方法》（QX/T 212—2013）开展监测评估工作。

森林生态系统监测评估标准体系

→ 《森林生态系统长期定位观测研究站建设规范》（GB/T 40053—2021）

→ 《森林生态系统长期定位观测指标体系》（GB/T 35377—2017）

→ 《森林生态系统长期定位观测方法》（GB/T 33027—2016）

→ 《森林生态系统服务功能评估规范》（GB/T 38582—2020）

图 1-3　森林生态产品监测评估标准体系

图 1-4　森林监测评估标准体系逻辑关系

通辽市生态空间生态连清监测评估所依据的标准体系包括从生态系统服务功能监测站点建设到观测指标、观测方法、数据管理乃至数据应用各方面的标准。这一系列的标准化保证了不同站点所提供通辽市生态空间生态连清数据的准确性和可比性，为通辽市生态空间生态产品绿色核算与碳中和研究的顺利进行提供了保障。

## 第二节　分布式测算评估体系

### 一、分布式测算方法

分布式测算源于计算机科学，是研究如何把一项整体复杂的问题分割成相对独立运算的单元，并将这些单元分配给多个计算机进行处理，最后将计算结果统一合并得出结论的一种科学计算方法。分布式测算方法被用于使用世界各地成千上万位志愿者的计算机的闲置计算能力，来解决复杂的数学问题，如搜索梅森素数的分布式网络计算（GIMPS）和研究寻找最为安全的密码系统，如 RC4 等，这些项目都很庞大，需要惊人的计算量，而分布式测算研究如何把一个需要有巨大计算能力才能解决的问题分成许多小的部分，并分配给许多计算机进行处理，最后把这些计算结果综合起来得到最终的结果。随着科学的发展，分布式测算是一种廉价的、高效的、维护方便的计算方法。

> 分布式测算方法：将复杂的生态系统服务功能测算整体过程分割成不同层次、若干个相对独立运算的均质单元，再将这些均质单元分别测算并逐级累加的一种科学测算方法。

通辽市生态空间生态产品的测算是一项非常庞大、复杂的系统工程，适合划分成多个均质化的生态测算单元开展评估（牛香等，2012；Niu et al.，2013）。因此，分布式测算方法是目前评估通辽市生态空间生态产品所采用的较为科学有效的方法，并且通过诸多森林生态系统服务功能评估案例证实（王兵等，2020；李少宁，2007），分布式测算方法能够保证评估结果的准确性及可靠性。

基于全空间、全指标、全口径、全周期的"四全"评估构架，利用分布式测算方法评估通辽市生态空间生态产品的具体思路（图1-5）：将通辽市生态空间按照支持服务、调节服务、供给服务和文化服务四大类别划分为一级分布式测算单元；每个一级分布式测算单元按照旗（县、市、区）划分为8个二级分布式测算单元；每个二级分布式测算单元按照生态系统类型划分为森林、草地和湿地3个三级分布式测算单元；每个三级分布式测算单元划分为10个林分类型、3个草地类型和5个湿地类型的四级分布式测算单元；每个四级分布式测算单元按照保育土壤、植被养分固持、涵养水源、固碳释氧、净化大气环境与降解污染物、森林防护、提供产品、生物多样性与栖息地保护、生态康养等功能类别划分为25个森林指标类别、21个草地指标类别和18个湿地指标类别的五级分布式测算单元。基于以上分布式测算单元划分，本次评估共划分成2784个相对均质的生态空间生态产品评估单元。

**图1-5 通辽市生态产品分布式测算方法**

注：其中，森林的四级分布式测算单元按照林分起源划分为2个4.1级测算单元；将每个4.1级分布式测算单元划分为幼龄林、中龄林、近熟林、成熟林和过熟林5个4.2级测算单元。

## 二、监测评估指标体系

依据国家标准《森林生态系统服务功能评估规范》（GB/T 38582—2020）、行业标准《湿地生态系统服务评估规范》（LY/T 2899—2017）以及《草原生态评价技术方案》，按照支持服务、调节服务、供给服务和文化服务四大服务类别对生态空间生态产品进行核算（图1-6）。

图 1-6　通辽市生态空间生态产品核算指标体系

### 三、数据来源与耦合集成

通辽市生态空间生态产品绿色核算分为物质量和价值量两部分。物质量评估所需数据包括通辽市生态空间生态连清数据集和通辽市 2020 年森林、湿地、草地资源调查更新数据集；价值量评估所需数据除以上两个来源外，还包括社会公共数据集（图 1-7）。

数据来源主要包括以下三部分：

**1. 生态空间生态连清数据集**

生态监测数据集主要来源于通辽市境内及周边陆地生态系统野外科学观测研究站和定位观测研究站的野外长期定位连续观测数据集。

### 2. 森林、湿地、草地资源调查数据

按照《自然资源调查监测体系构建总体方案》的框架，将通辽市森林、湿地、草地资源调查更新数据与第三次全国国土调查数据对接融合得到的资源数据。

### 3. 社会公共数据集

社会公共数据主要采用我国权威机构公布的社会公共数据，分别来源于《中华人民共和国水利部水利建筑工程预算定额》、中国农业信息网（http：//www.agri.cn/）、中华人民共和国国家卫生健康委员会网站（http：//www.nhc.gov.cn/）、《中华人民共和国环境保护税法》、内蒙古自治区物价局网站（http：//www.qianlima.com/jg780018/）、内蒙古自治区发展和改革委员会网站（http：//fgw.nmg.gov.cn/）、《中国林业和草原统计年鉴》《内蒙古自治区统计年鉴（2020)》和《通辽市统计年鉴（2021)》等。

将上述三类数据源有机地耦合集成（图 1-7），应用于一系列的评估公式中，即可获得通辽市生态空间生态产品绿色核算结果。

图 1-7　通辽市生态产品数据源耦合集成

### 四、生态系统服务修正系数

在野外数据观测中，研究人员仅能够得到观测站点附近的实测生态数据，对于无法实地观测到的数据，则需要一种方法对已经获得的参数进行修正，例如森林生态系统引入了森林生态系统服务修正系数（Forest Ecological Service Correction Coefficient，简称 *FES-CC*）。*FES-CC* 是指评估林分生物量和实测林分生物量的比值，反映森林生态系统服务评估区域森林的生态质量状况，还可以通过森林生态功能的变化修正森林生态系统服务的变化。

森林生态系统服务价值的合理测算对绿色国民经济核算具有重要意义，社会进步程度、经济发展水平、森林资源质量等对森林生态系统服务均会产生一定影响，而森林自身结构和功能状况则是体现森林生态系统服务可持续发展的基本前提。"修正"作为一种状态，表明系统各要素之间具有相对"融洽"的关系。当用现有的野外实测值不能代表同一生态单元同一目标优势树种（组）的结构或功能时，就需要采用森林生态系统服务修正系数客观地从生态学精度的角度反映同一优势树种（组）在同一区域的真实差异。其理论计算公式如下：

$$FES\text{-}CC = \frac{B_e}{B_o} = \frac{BEF \times V}{B_o} \tag{1-1}$$

式中：$FES\text{-}CC$——森林生态系统服务修正系数（以下简称$F$）；

$B_e$——评估林分的生物量（千克/立方米）；

$B_o$——实测林分的生物量（千克/立方米）；

$BEF$——蓄积量与生物量的转换因子；

$V$——评估林分的蓄积量（立方米）。

实测林分的生物量可以通过森林生态连清的实测手段来获取，而评估林分的生物量在内蒙古通辽市资源清查和造林工程调查中还没有完全统计。因此，通过评估林分蓄积量和生物量转换因子（BEF）来测算评估林分生物量（方精云等，1996；Fang et al.，1998；Fang et al.，2001）。

### 五、核算公式与模型包

通辽市生态空间生态产品绿色核算主要是从物质量和价值量的角度对该区域生态空间提供的各项生态产品进行定量评估；价值量评估是指从货币价值量的角度对该区域生态空间提供的生态产品价值进行定量评估，在价值量评估中，主要采用等效替代原则，并用替代品的价格进行等效替代核算某项评估指标的价值量。同时，在具体选取替代品的价格时应遵守权重当量平衡原则，考虑计算所得的各评估指标价值量在总价值量中所占的权重，使其保证相对平衡。

> 等效替代法是当前生态环境效益经济评价中最普遍采用的一种方法，是生态系统功能物质量向价值量转化的过程中，在保证某评估指标生态功能相同的前提下，将实际的、复杂的生态问题和生态过程转化为等效的、简单的、易于研究的问题和过程来估算生态系统各项功能价值量的研究和处理方法。

> 权重当量平衡原则是指生态系统服务功能价值量评估过程中，当选取某个替代品的价格进行等效替代核算某项评估指标的价值量时，应考虑计算所得的各评估指标价值量在总价值量中所占的权重，使其保持相对平衡。

### （一）森林生态系统

#### 1. 保育土壤功能

森林凭借庞大的树冠、深厚的枯枝落叶层及强壮且成网状的根系截留大气降水，减少或免遭雨滴对土壤表层的直接冲击，有效地固持土体，降低了地表径流对土壤的冲蚀，使土壤流失量大大降低。而且森林植被的生长发育及其代谢产物不断对土壤产生物理及化学影响，参与土体内部的能量转换与物质循环，提高土壤肥力。森林凋落物是土壤养分的主要来源之一（图 1-8）。因此，本研究选用固土和保肥 2 个指标来反映森林保育土壤功能。

**图 1-8　植被对土壤形成的作用**

（1）固土指标。因为森林的固土功能是从地表土壤侵蚀程度表现出来的，所以可通过无林地土壤侵蚀程度和有林地土壤侵蚀程度之差来估算森林的保土量。该评估方法是目前国内外多数人使用并认可的。例如，日本在 1972 年、1978 年和 1991 年评估森林防止土壤泥沙侵蚀效能时，都采用了有林地与无林地之间土壤侵蚀对比方法来计算。

①年固土量。林分年固土量计算公式如下：

$$G_{固土}=A \times (X_2-X_1) \times F \tag{1-2}$$

式中：$G_{固土}$——评估林分年固土量（吨 / 年）；

　　　$X_1$——实测林分有林地土壤侵蚀模数 [ 吨 /（公顷·年）]；

　　　$X_2$——无林地土壤侵蚀模数 [ 吨 /（公顷·年）]；

　　　$A$——林分面积（公顷）；

　　　$F$——森林生态系统服务修正系数。

②年固土价值。由于土壤侵蚀流失的泥沙淤积于水库中，减少了水库蓄积水的体积，因此本研究根据蓄水成本（替代工程法）计算林分年固土价值，计算公式如下：

$$U_{固土}=C_{固土} \times C_土 /\rho \tag{1-3}$$

式中：$U_{固土}$——评估林分年固土价值（元/年）；

$C_{固土}$——评估林分年固土量（吨/年）；

$C_{土}$——挖取和运输单位体积土方所需费用（元/立方米）；

$\rho$——土壤容重（克/立方厘米）。

（2）保肥指标。林木的根系可以改善土壤结构、孔隙度和通透性等物理性状，有助于土壤形成团粒结构。在养分循环过程中，枯枝落叶层不仅减小了降水的冲刷和径流，而且还是森林生态系统归还的主要途径，可以增加土壤有机质、营养物质（氮、磷、钾等）和土壤碳库的积累，提高土壤肥力，起到保肥的作用。土壤侵蚀带走大量的土壤营养物质，根据氮、磷、钾等养分含量和森林减少的土壤损失量，可以估算出森林每年减少的养分流失量。因土壤侵蚀造成了氮、磷、钾大量流失，使土壤肥力下降，通过计算年固土量中氮、磷、钾的数量，再换算为化肥价格即为森林年保肥价值。

①年保肥量。计算公式如下：

$$G_{氮}=A \times N \times （X_2-X_1） \times F \tag{1-4}$$

$$G_{磷}=A \times P \times （X_2-X_1） \times F \tag{1-5}$$

$$G_{钾}=A \times K \times （X_2-X_1） \times F \tag{1-6}$$

$$G_{有机质}=A \times M \times （X_2-X_1） \times F \tag{1-7}$$

式中：$G_{氮}$——评估林分固持土壤而减少的氮流失量（吨/年）；

$G_{磷}$——评估林分固持土壤而减少的磷流失量（吨/年）；

$G_{钾}$——评估林分固持土壤而减少的钾流失量（吨/年）；

$G_{有机质}$——评估林分固持土壤而减少的有机质流失量（吨/年）；

$X_1$——实测林分有林地土壤侵蚀模数[吨/（公顷·年）]；

$X_2$——无林地土壤侵蚀模数[吨/（公顷·年）]；

$N$——实测林分中土壤含氮量（%）；

$P$——实测林分中土壤含磷量（%）；

$K$——实测林分中土壤含钾量（%）；

$M$——实测林分中土壤有机质含量（%）；

$A$——林分面积（公顷）；

$F$——森林生态系统服务修正系数。

②年保肥价值。年固土量中氮、磷、钾的物质量换算成化肥价值即为林分年保肥价值。本研究的林分年保肥价值以固土量中的氮、磷、钾数量折合成磷酸二铵化肥和氯化钾化肥的价值来体现。计算公式如下：

$$U_{肥} = \frac{G_{氮} \times C_1}{R_1} + \frac{G_{磷} \times C_1}{R_2} + \frac{G_{钾} \times C_2}{R_3} + G_{有机质} \times C_3 \qquad (1\text{-}8)$$

式中：$U_{肥}$——评估林分年保肥价值（元/年）；

　　　$G_{氮}$——评估林分固持土壤而减少的氮流失量（吨/年）；

　　　$G_{磷}$——评估林分固持土壤而减少的磷流失量（吨/年）；

　　　$G_{钾}$——评估林分固持土壤而减少的钾流失量（吨/年）；

　　　$G_{有机质}$——评估林分固持土壤而减少的有机质流失量（吨/年）；

　　　$R_1$——磷酸二铵化肥含氮量（%）；

　　　$R_2$——磷酸二铵化肥含磷量（%）；

　　　$R_3$——氯化钾化肥含钾量（%）；

　　　$C_1$——磷酸二铵化肥价格（元/吨）；

　　　$C_2$——氯化钾化肥价格（元/吨）；

　　　$C_3$——有机质价格（元/吨）。

**2. 林木养分固持功能**

生态系统的生物体内贮存着各种营养元素，并通过元素循环，促使生物与非生物环境之间的元素变换，维持生态过程。有关学者指出，森林生态系统在其生长过程中不断从周围环境吸收营养元素，固定在植物体中。本研究综合了在以上两个定义的基础上，认为林木养分固持是指森林植物通过生化反应，在土壤、大气、降水中吸收氮、磷、钾等营养物质并贮存在体内各营养器官的功能。

这里要测算的林木固持氮、磷、钾含量与森林生态系统保育土壤功能中保肥的氮、磷、钾有所不同，前者是被森林植被吸收进入植物体内的营养物质，后者是森林生态系统中林下土壤里所含的营养物质。因此，在测算过程中要将二者区分开来分别计量。

森林植被在生长过程中每年要从土壤或空气中吸收大量营养物质，如氮、磷、钾等，并贮存在植物体中。考虑到指标操作的可行性，本研究主要考虑主要营养元素氮、磷、钾的含量。在计算林木养分固持量时，以氮、磷、钾在植物体中的百分含量为依据，再结合中国森林森林资源清查数据及森林净生产力数据计算出中国森林生态系统年固持氮、磷、钾的总量。国内很多研究均采用了这种方法。

（1）林木养分固持量。计算公式如下：

$$G_{氮} = A \times N_{营养} \times B_{年} \times F \qquad (1\text{-}9)$$

$$G_{磷} = A \times P_{营养} \times B_{年} \times F \qquad (1\text{-}10)$$

$$G_{钾} = A \times K_{营养} \times B_{年} \times F \qquad (1\text{-}11)$$

式中：$G_{氮}$——评估林分年氮固持量（吨/年）；

$G_磷$——评估林分年磷固持量（吨／年）；

$G_钾$——评估林分年钾固持量（吨／年）；

$N_{营养}$——实测林木氮元素含量（%）；

$P_{营养}$——实测林木磷元素含量（%）；

$K_{营养}$——实测林木钾元素含量（%）；

$B_年$——实测林分年净生产力［吨／（公顷·年）］；

$A$——林分面积（公顷）；

$F$——森林生态系统服务修正系数。

（2）林木年养分固持价值。采取把营养物质折合成磷酸二铵化肥和氯化钾化肥方法计算林木营养物质积累价值，计算公式如下：

$$U_氮 = G_氮 \times C_1 \qquad\qquad (1\text{-}12)$$

$$U_磷 = G_磷 \times C_1 \qquad\qquad (1\text{-}13)$$

$$U_钾 = G_钾 \times C_2 \qquad\qquad (1\text{-}14)$$

式中：$U_氮$——评估林分氮固持价值（元／年）；

$U_磷$——评估林分磷固持价值（元／年）；

$U_钾$——评估林分钾固持价值（元／年）；

$G_氮$——评估林分年氮固持量（吨／年）；

$G_磷$——评估林分年磷固持量（吨／年）；

$G_钾$——评估林分年钾固持量（吨／年）；

$C_1$——磷酸二铵化肥价格（元／吨）；

$C_2$——氯化钾化肥价格（元／吨）。

### 3. 涵养水源功能

森林涵养水源功能主要是指森林对降水的截留、吸收和贮存，将地表水转为地表径流或地下水的作用（图 1-9）。主要功能表现在增加可利用水资源、净化水质和调节径流三个方面。本研究选定 2 个指标，即调节水量指标和净化水质指标，以反映森林的涵养水源功能。

（1）调节水量指标。

①年调节水量。森林生态系统年调节水量计算公式如下：

$$G_调 = 10A \times (P_水 - E - C) \times F \qquad\qquad (1\text{-}15)$$

式中：$G_调$——评估林分年调节水量（立方米／年）；

$P_水$——实测林外降水量（毫米／年）；

$E$——实测林分蒸散量（毫米／年）；

$C$——实测林分地表快速径流量（毫米／年）；

$A$——林分面积（公顷）；

$F$——森林生态系统服务修正系数。

**图 1-9    全球水循环及森林对降水的再分配示意**

②年调节水量价值。由于森林对水量主要起调节作用，与水库的功能相似。因此本研究森林生态系统年调节水量价值根据水库工程的蓄水成本（替代工程法）来确定，计算公式如下：

$$U_{调}=G_{调} \times C_{库} \qquad (1\text{-}16)$$

式中：$U_{调}$——评估林分年调节水量价值（元／年）；

$G_{调}$——评估林分年调节水量（立方米／年）；

$C_{库}$——水资源市场交易价格（元／立方米）。

（2）净化水质指标。净化水质包括净化水量和净化水质价值两个方面。

①年净化水量。计算公式如下：

$$G_{净}=10A \times (P_{水}-E-C) \times F \qquad (1\text{-}17)$$

式中：$G_{净}$——评估林分年净化水量（立方米／年）；

$P_{水}$——实测林外降水量（毫米／年）；

$E$——实测林分蒸散量（毫米／年）；

$C$——实测林分地表快速径流量（毫米／年）；

$A$——林分面积（公顷）；

$F$——森林生态系统服务修正系数。

②年净化水质价值。森林生态系统年净化水质价值根据内蒙古自治区水污染物应纳税额，计算公式如下：

$$U_净 = G_净 \times K_水 \tag{1-18}$$

式中：$U_净$——评估林分净化水质价值（元/年）；

　　　$G_净$——评估林分年净化水量（立方米/年）；

　　　$K_水$——水的净化费用（元/年）。

#### 4. 固碳释氧功能

森林植被与大气的物质交换主要是二氧化碳与氧气的交换，即森林固定并减少大气中的二氧化碳和提高并增加大气中的氧气浓度（图1-10），这对维持大气中的二氧化碳和氧气动态平衡、减少温室效应以及为人类提供生存的基础都有巨大的、不可替代的作用（Wang et al., 2013）。

图1-10　森林生态系统固碳释氧作用

《中华人民共和国国民经济和社会发展第十四个五年规划和2035年远景目标纲要》提出，力争2030年前达到碳达峰，2060年前实现碳中和的重大战略决策，事关中华民族永续发展和构建人类命运共同体。为实现碳达峰、碳中和的战略目标，既要实施碳强度和碳排放总量双控制，同时要提升生态系统碳汇能力。森林作为陆地生态系统的主体，具有显著的固碳作用，在碳达峰、碳中和战略目标的实现过程中发挥着重要作用。目前，我国森林生态系统碳汇能力由于碳汇方法学存在缺陷，即：推算森林碳汇量采用的材积源生物量法是通过森林蓄积量增量进行计算的，而一些森林碳汇资源并未统计其中，主要指特灌林和竹林、疏林地、未成林造林地、非特灌林灌木林、苗圃地、荒山灌丛、城区和乡村绿化散生林木而被低估。为准确核算我国森林资源碳汇能力，王兵等（2021）提出森林碳汇资源和森林全口径碳汇新理念。

森林碳汇资源为能够提供碳汇功能的森林资源，包括乔木林、竹林、特灌林、疏林、未成林造林、非特灌林灌木林、苗圃地、荒山灌丛、城区和乡村绿化散生林木等。

　　森林植被全口径碳汇＝森林资源碳汇（乔木林碳汇＋竹林碳汇＋特灌林碳汇）＋疏林地碳汇＋未成林造林地碳汇＋非特灌林灌木林碳汇＋苗圃地碳汇＋荒山灌丛碳汇＋城区和乡村绿化散生林木碳汇区和乡村绿化散生林木碳汇。

　　因此，本研究选用固碳、释氧两个指标反映通辽市森林全口径碳汇和森林释氧功能。根据光合作用化学反应式，森林植被每积累 1.00 克干物质，可以吸收固定 1.63 克二氧化碳，释放 1.19 克氧气。

　　（1）固碳指标。

　　①植被和土壤年固碳量。计算公式如下：

$$G_{碳}=G_{植被固碳}+G_{土壤固碳} \tag{1-19}$$

$$G_{植被固碳}=1.63R_{碳}\times A\times B_{年}\times F \tag{1-20}$$

$$G_{土壤固碳}=A\times S_{土壤碳}\times F \tag{1-21}$$

　　式中：$G_{碳}$——评估林分生态系统年固碳量（吨/年）；

　　　　　$G_{植被固碳}$——评估林分年固碳量（吨/年）；

　　　　　$G_{土壤固碳}$——评估林分对应的土壤年固碳量（吨/年）；

　　　　　$R_{碳}$——二氧化碳中碳的含量，为 27.27%；

　　　　　$B_{年}$——实测林分净生产力[吨/（公顷·年）]；

　　　　　$S_{土壤碳}$——单位面积实测林分土壤的固碳量[吨/（公顷·年）]；

　　　　　$A$——林分面积（公顷）；

　　　　　$F$——森林生态系统服务修正系数。

　　公式计算得出森林的潜在年固碳量，再从其中减去由于林木消耗造成的碳量损失，即为森林的实际年固碳量。

　　②年固碳价值。鉴于我国实施温室气体排放税收制度，并对二氧化碳的排放征税。因此，采用中国碳交易市场碳税价格加权平均值进行评估。林分植被和土壤年固碳价值的计算公式如下：

$$U_{碳}=G_{碳}\times C_{碳} \tag{1-22}$$

　　式中：$U_{碳}$——评估林分年固碳价值（元/年）；

　　　　　$G_{碳}$——评估林分生态系统潜在年固碳量（吨/年）；

$C_{碳}$——固碳价格（元/吨）。

公式得出森林的潜在年固碳价值，再从其中减去由于林木消耗造成的碳量损失，即为森林的实际年固碳价值。

（2）释氧指标。

①年释氧量。计算公式如下：

$$G_{氧气}=1.19A \times B_{年} \times F \tag{1-23}$$

式中：$G_{氧气}$——评估林分年释氧量（吨/年）；

　　　$B_{年}$——实测林分净生产力[吨/（公顷·年）]；

　　　$A$——林分面积（公顷）；

　　　$F$——森林生态系统服务修正系数。

②年释氧价值。因为价值量的评估属经济的范畴，是市场化、货币化的体现，因此本研究采用国家权威部门公布的氧气商品价格计算森林的年释氧价值。计算公式如下：

$$U_{氧}=G_{氧} \times C_{氧} \tag{1-24}$$

式中：$U_{氧}$——评估林分年释放氧气价值（元/年）；

　　　$G_{氧}$——评估林分年释氧量（吨/年）；

　　　$C_{氧}$——氧气的价格（元/吨）。

### 5. 净化大气环境功能

雾霾天气的出现，使空气质量状况成为民众和政府部门关注的焦点，大气颗粒物（如TSP、$PM_{10}$、$PM_{2.5}$）被认为是造成雾霾天气的主要原因。特别$PM_{2.5}$更是由于其对人体健康的严重威胁，成为人们关注的热点。如何控制大气污染、改善空气质量成为众多科学家研究的热点（张维康等，2015；Zhang et al.，2015）。

> 森林提供负离子是指森林的树冠、枝叶的尖端放电以及光合作用过程的光电效应促使空气电解，产生空气负离子，同时森林植被释放的挥发性物质，如植物精气等也能促进空气电离，增加空气负离子浓度。

> 森林滞纳空气颗粒物是指由于森林增加地表粗糙度，降低风速从而提高空气颗粒物的沉降率，同时，植物叶片结构特征的理化特性为颗粒物的附着提供了有利的条件；此外，枝、叶、茎还能够通过气孔和皮孔滞纳空气颗粒物。

森林能有效吸收有害气体、滞纳粉尘、提供负离子、降低噪声、降温增湿等，从而起到净化大气环境的作用（图 1-11）。为此，本研究选取提供负离子、吸收污染物（二氧化硫、氟化物和氮氧化物）、滞纳 TSP、$PM_{10}$、$PM_{2.5}$ 等指标反映森林的净化大气环境能力。

图 1-11　树木吸收空气污染物示意

（1）提供负离子指标。

①年提供负离子量。计算公式如下：

$$G_{负离子} = 5.256 \times 10^{15} \times Q_{负离子} \times A \times H \times F / L \tag{1-25}$$

式中：$G_{负离子}$——评估林分年提供负离子个数（个/年）；

　　　$Q_{负离子}$——实测林分负离子浓度（个/立方厘米）；

　　　$H$——实测林分高度（米）；

　　　$L$——负离子寿命（分钟）；

　　　$A$——林分面积（公顷）；

　　　$F$——森林生态系统服务修正系数。

②年提供负离子价值。国内外研究证明，当空气中负离子达到 600 个/立方厘米以上时，才能有益于人体健康，所以林分年提供负离子价值计算公式如下：

$$U_{负离子} = 5.256 \times 10^{15} A \times H \times F \times K_{负离子} \times （Q_{负离子} - 600）/ L \tag{1-26}$$

式中：$U_{负离子}$——评估林分年提供负离子价值（元/年）；

　　　$K_{负离子}$——负离子生产费用（元/$10^{18}$ 个）；

$Q_{负离子}$——实测林分负离子浓度（个 / 立方厘米）；

$L$——负离子寿命（分钟）；

$H$——实测林分高度（米）；

$A$——林分面积（公顷）；

$F$——森林生态系统服务修正系数。

（2）吸收气体污染物指标。二氧化硫、氟化物和氮氧化物是大气的主要污染物（图 1-12），因此本研究选取森林植被吸收二氧化硫、氟化物和氮氧化物 3 个指标评估森林吸收气体污染物的能力。森林对二氧化硫、氟化物和氮氧化物的吸收，可使用面积—吸收能力法、阈值法、叶干质量估算法等。本研究采用面积—吸收能力法评估森林吸收气体污染物的总量，采用环境保护税法评估价值量。

**图 1-12  污染气体的来源及危害**

①吸收二氧化硫。主要计算林分年吸收二氧化硫的物质量和价值量。

林分年吸收二氧化硫量计算公式如下：

$$G_{二氧化硫} = Q_{二氧化硫} \times A \times F / 1000 \tag{1-27}$$

式中：$G_{二氧化硫}$——评估林分年吸收二氧化硫量（吨 / 年）；

$Q_{二氧化硫}$——单位面积实测林分吸收二氧化硫量 [ 千克 /（公顷·年）]；

$A$——林分面积（公顷）；

$F$——森林生态系统服务修正系数。

林分年吸收二氧化硫价值计算公式如下：

$$U_{二氧化硫}=G_{二氧化硫} \times K_{二氧化硫} \qquad (1\text{-}28)$$

式中：$U_{二氧化硫}$——评估林分年吸收二氧化硫价值（元 / 年）；

$G_{二氧化硫}$——评估林分年吸收二氧化硫量（吨 / 年）；

$K_{二氧化硫}$——二氧化硫的治理费用（元 / 千克）。

②吸收氟化物。

林分氟化物年吸收量计算公式如下：

$$G_{氟化物}=Q_{氟化物} \times A \times F/1000 \qquad (1\text{-}29)$$

式中：$G_{氟化物}$——评估林分年吸收氟化物量（吨 / 年）；

$Q_{氟化物}$——单位面积实测林分年吸收氟化物量 [ 千克 / （公顷·年）]；

$A$——林分面积（公顷）；

$F$——森林生态系统服务修正系数。

林分年吸收氟化物价值计算公式如下：

$$U_{氟化物}=G_{氟化物} \times K_{氟化物} \qquad (1\text{-}30)$$

式中：$U_{氟化物}$——评估林分年吸收氟化物价值（元 / 年）；

$G_{氟化物}$——评估林分年吸收氟化物量（吨 / 年）；

$K_{氟化物}$——氟化物治理费用（元 / 千克）。

③吸收氮氧化物。

林分氮氧化物年吸收量计算公式如下：

$$G_{氮氧化物}=Q_{氮氧化物} \times A \times F/1000 \qquad (1\text{-}31)$$

式中：$G_{氮氧化物}$——评估林分年吸收氮氧化物量（吨 / 年）；

$Q_{氮氧化物}$——单位面积实测林分年吸收氮氧化物量 [ 千克 / （公顷·年）]；

$A$——林分面积（公顷）；

$F$——森林生态系统服务修正系数。

林木氮氧化物年吸收量价值计算公式如下：

$$U_{氮氧化物}=G_{氮氧化物} \times K_{氮氧化物} \qquad (1\text{-}32)$$

式中：$U_{氮氧化物}$——评估林分年吸收氮氧化物价值（元 / 年）；

$G_{氮氧化物}$——评估林分年吸收氮氧化物量（吨 / 年）；

$K_{氮氧化物}$——氮氧化物治理费用（元/千克）。

（3）滞尘指标。森林有阻挡、过滤和吸附粉尘的作用，可提高空气质量。因此，滞尘功能是森林生态系统重要的服务功能之一。鉴于近年来人们对 $PM_{10}$ 和 $PM_{2.5}$（图1-13）的关注，本研究在评估滞尘量及其价值的基础上，将 $PM_{10}$ 和 $PM_{2.5}$ 从总滞尘量中分离出来进行了单独的物质量和价值量评估。

①年总滞尘量。计算公式如下：

$$G_{TSP}=Q_{TSP} \times A \times F/1000 \tag{1-33}$$

式中：$G_{TSP}$——评估林分年潜在滞纳 TSP（总悬浮颗粒物）量（吨/年）；

$Q_{TSP}$——实测林分单位面积年滞纳 TSP 量[千克/（公顷·年）]；

$A$——林分面积（公顷）

$F$——森林生态系统服务修正系数。

**图 1-13　$PM_{2.5}$ 颗粒直径示意**

②年滞尘总价值。本研究使用环境保护税法计算林木滞纳 $PM_{10}$ 和 $PM_{2.5}$ 的价值。其中，$PM_{10}$ 和 $PM_{2.5}$ 采用炭黑尘（粒径 0.4～1 微米）污染当量值，结合应税额度进行核算。林分滞纳其余颗粒物的价值采用一般性粉尘（粒径＜75 微米）污染当量值，结合应税额度进行核算。年滞尘价值计算公式如下：

$$U_{滞尘}=(G_{TSP}-G_{PM_{10}}-G_{PM_{2.5}}) \times K_{TSP}+U_{PM_{10}}+U_{PM_{2.5}} \tag{1-34}$$

式中：$U_{滞尘}$——评估林分年潜在滞尘价值（元/年）；

$G_{TSP}$——评估林分年潜在滞纳 TSP 量（千克/年）；

$G_{\mathrm{PM}_{2.5}}$——评估林分年潜在滞纳 $\mathrm{PM}_{2.5}$ 的量（千克 / 年）；

$G_{\mathrm{PM}_{10}}$——评估林分年潜在滞纳 $\mathrm{PM}_{10}$ 的量（千克 / 年）；

$U_{\mathrm{PM}_{10}}$——评估林分年滞纳 $\mathrm{PM}_{10}$ 的价值（元 / 年）；

$U_{\mathrm{PM}_{2.5}}$——评估林分年滞纳 $\mathrm{PM}_{2.5}$ 的价值（元 / 年）；

$K_{\mathrm{TSP}}$——降尘清理费用（元 / 千克）。

（4）滞纳 $\mathrm{PM}_{2.5}$。

①年滞纳 $\mathrm{PM}_{2.5}$ 量。计算公式如下：

$$G_{\mathrm{PM}_{2.5}}=10Q_{\mathrm{PM}_{2.5}} \times A \times n \times F \times LAI \tag{1-35}$$

式中：$G_{\mathrm{PM}_{2.5}}$——评估林分年潜在滞纳 $\mathrm{PM}_{2.5}$（直径≤ 2.5 微米的可入肺颗粒物）量（千克 / 年）；

$Q_{\mathrm{PM}_{2.5}}$——实测林分单位叶面积滞纳 $\mathrm{PM}_{2.5}$ 量（克 / 平方米）；

$A$——林分面积（公顷）；

$n$——年洗脱次数；

$LAI$——叶面积指数

$F$——森林生态系统服务修正系数。

②年滞纳 $\mathrm{PM}_{2.5}$ 价值。计算公式如下：

$$U_{\mathrm{PM}_{2.5}}=G_{\mathrm{PM}_{2.5}} \times C_{\mathrm{PM}_{2.5}} \tag{1-36}$$

式中：$U_{\mathrm{PM}_{2.5}}$——评估林分年滞纳 $\mathrm{PM}_{2.5}$ 价值（元 / 年）；

$G_{\mathrm{PM}_{2.5}}$——评估林分年潜在滞纳 $\mathrm{PM}_{2.5}$ 的量（千克 / 年）；

$C_{\mathrm{PM}_{2.5}}$——$\mathrm{PM}_{2.5}$ 清理费用（元 / 千克）。

（5）滞纳 $\mathrm{PM}_{10}$。

①年滞纳 $\mathrm{PM}_{10}$ 量。计算公式如下：

$$G_{\mathrm{PM}_{10}}=10Q_{\mathrm{PM}_{10}} \times A \times n \times F \times LAI \tag{1-37}$$

式中：$G_{\mathrm{PM}_{10}}$——评估林分年潜在滞纳 $\mathrm{PM}_{10}$（直径≤ 10 微米的可吸入颗粒物）量（千克 / 年）；

$Q_{\mathrm{PM}_{10}}$——实测林分单位叶面积滞纳 $\mathrm{PM}_{10}$ 量（克 / 平方米）；

$A$——林分面积（公顷）；

$F$——森林生态系统服务修正系数；

$n$——年洗脱次数；

$LAI$——叶面积指数。

②年滞纳 $PM_{10}$ 价值。计算公式如下：

$$U_{PM_{10}}=G_{PM_{10}} \times C_{PM_{10}} \qquad (1-38)$$

式中：$U_{PM_{10}}$——评估林分年滞纳 $PM_{10}$ 价值（元／年）；

　　　　$G_{PM_{10}}$——评估林分年潜在滞纳 $PM_{10}$ 量（千克／年）；

　　　　$C_{PM_{10}}$—— $PM_{10}$ 清理费用（元／千克）。

### 6. 森林防护功能

植被根系能够固定土壤，改善土壤结构，降低土壤的裸露程度；植被地上部分能够增加地表粗糙程度，降低风速，阻截风沙。地上地下的共同作用能够减弱风的强度和携沙能力，减少因风蚀导致的土壤流失和风沙危害。

（1）防风固沙量。计算公式如下：

$$G_{防风固沙}=A_{防风固沙} \times (Y_2-Y_1) \times F \qquad (1-39)$$

式中：$G_{防风固沙}$——评估林分防风固沙量（吨／年）；

　　　　$Y_1$——有林地风蚀模数 [ 吨／（公顷·年）]；

　　　　$Y_2$——无林地风蚀模数 [ 吨／（公顷·年）]；

　　　　$A_{防风固沙}$——防风固沙林面积（公顷）；

　　　　$F$——森林生态系统服务修正系数。

（2）防风固沙价值。计算公式如下：

$$U_{防风固沙}=K_{防风固沙} \times G_{防风固沙} \qquad (1-40)$$

式中：$U_{防风固沙}$——评估林分防风固沙价值量（元／年）；

　　　　$G_{防风固沙}$——评估林分防风固沙量（吨／年）；

　　　　$K_{防风固沙}$——固沙成本（元／吨）。

（3）农田防护价值。计算公式如下：

$$U_{农田防护}=K_a \times V_a \times m_a \times A_{农} \qquad (1-41)$$

式中：$U_{农田防护}$——评估林分农田防护功能的价值量（元／年）；

　　　　$K_a$——平均 1 公顷农田防护林能够实现农田防护面积 19 公顷；

　　　　$V_a$——农作物、牧草的价格（元／千克）；

　　　　$m_a$——农作物、牧草平均增产量 [ 千克／（公顷·年）]；

　　　　$A_{农}$——农田防护林面积（公顷）。

### 7. 生物多样性保护功能

生物多样性维护了自然界的生态平衡，并为人类的生存提供了良好的环境条件。生物多样性是生态系统不可缺少的组成部分，对生态系统服务的发挥具有十分重要的作用。Shannon-Wiener 指数是反映森林中物种的丰富度和分布均匀程度的经典指标。传统 Shannon-Wiener 指数对生物多样性保护等级的界定不够全面。本研究采用濒危指数、特有种指数及古树年龄指数进行生物多样性保护功能评估（表 1-2 至表 1-4），有利于生物资源的合理利用和相关部门保护工作的合理分配。

生物多样性保护功能评估计算公式如下：

$$U_{生} = (1 + 0.1\sum_{m=1}^{x} E_m + 0.1\sum_{n=1}^{y} B_n + 0.1\sum_{r=1}^{z} O_r) \times S_{生} \times A \tag{1-42}$$

式中：$U_{生}$——评估林分年生物多样性保护价值（元/年）；

　　　$E_m$——评估林分或区域内物种 $m$ 的濒危指数（表 1-2）；

　　　$B_n$——评估林分或区域内物种 $n$ 的特有种指数（表 1-3）；

　　　$O_r$——评估林分或区域内物种 $r$ 的古树年龄指数（表 1-4）；

　　　$x$——计算珍稀濒危指数物种数量；

　　　$y$——计算特有种物种数量

　　　$z$——计算古树物种数量；

　　　$S_{生}$——单位面积物种资源保育价值[元/（公顷·年）]；

　　　$A$——林分面积（公顷）。

本研究根据 Shannon-Wiener 指数计算生物多样性价值，共划分 7 个等级：

当指数 <1 时，$S_{生}$ 为 3000[元/（公顷·年）]；

当 1≤指数< 2 时，$S_{生}$ 为 5000[元/（公顷·年）]；

当 2≤指数< 3 时，$S_{生}$ 为 10000[元/（公顷·年）]；

当 3≤指数< 4 时，$S_{生}$ 为 20000[元/（公顷·年）]；

当 4≤指数< 5 时，$S_{生}$ 为 30000[元/（公顷·年）]；

当 5≤指数< 6 时，$S_{生}$ 为 40000[元/（公顷·年）]；

当指数≥ 6 时，$S_{生}$ 为 50000[元/（公顷·年）]。

### 表 1-2　濒危指数体系

| 濒危指数 | 濒危等级 | 物种种类 |
|:---:|:---:|:---:|
| 4 | 极危 | |
| 3 | 濒危 | 参见《中国物种红色名录》 |
| 2 | 易危 | 第一卷：红色名录 |
| 1 | 近危 | |

表1-3　特有种指数体系

| 特有种指数 | 分布范围 |
|---|---|
| 4 | 仅限于范围不大的山峰或特殊的自然地理环境下分布 |
| 3 | 仅限于某些较大的自然地理环境下分布的类群，如仅分布于较大的海岛（岛屿）、高原、若干个山脉等 |
| 2 | 仅限于某个大陆分布的分类群 |
| 1 | 至少在2个大陆都有分布的分类群 |
| 0 | 世界广布的分类群 |

注：参见《植物特有现象的量化》（苏志尧，1999）。

表1-4　古树年龄指数体系

| 古树年龄 | 指数等级 | 来源及依据 |
|---|---|---|
| 100～299年 | 1 | 参见2011年，全国绿化委员会、国家林业局《关于开展古树名木普查建档工作的通知》 |
| 300～499年 | 2 | |
| ≥500年 | 3 | |

### 8. 林木产品供给功能

（1）木材产品价值。计算公式如下：

$$U_{木材产品}=\sum_{i}^{n}(A_i \times S_i \times U_i)\ (i=1,\ 2,\ \cdots,\ n) \tag{1-43}$$

式中：$U_{木材产品}$——年木材产品价值（元/年）；

　　　$A_i$——第 $i$ 种木材产品面积（公顷）；

　　　$S_i$——第 $i$ 种木材产品单位面积蓄积量[立方米/（公顷·年）]；

　　　$U_i$——第 $i$ 种木材产品市场价格（元/立方米）。

（2）非木材产品价值。计算公式如下：

$$U_{非木材产品}=\sum_{j}^{n}(A_j \times V_j \times P_j)\ (j=1,\ 2,\ \cdots,\ n) \tag{1-44}$$

式中：$U_{非木材产品}$——年非木材产品价值（元/年）；

　　　$A_j$——第 $j$ 种非木材产品种植面积（公顷）；

　　　$V_j$——第 $j$ 种非木材产品单位面积产量[千克/（公顷·年）]；

　　　$P_j$——第 $j$ 种非木材产品市场价格（元/千克）。

### 9. 森林康养功能

森林康养是指森林生态系统为人类提供休闲和娱乐场所所产生的价值，包括直接产值和带动的其他产业产值，直接产值采用林业旅游与休闲产值替代法进行核算。计算公式如下：

$$U_{康养} = \left(U_{直接} + U_{间接}\right) \times 0.8 \qquad (1-45)$$

式中：$U_{康养}$——森林康养价值量（元 / 年）；

　　　$U_{直接}$——林业旅游与休闲产值，按照直接产值对待（元 / 年）；

　　　$U_{间接}$——林业旅游与休闲带动的其他产业产值（元 / 年）；

　　　0.8——森林公园接待游客量和创造的旅游产值约占森林旅游总规模的百分比。

### 10. 森林生态系统服务功能总价值评估

森林生态系统服务功能总价值为上述分项之和，计算公式如下：

$$U_I = \sum_{i=1}^{25} U_i \qquad (1-46)$$

式中：$U_I$——森林生态系统服务总价值（元 / 年）；

　　　$U_i$——森林生态系统服务各分项年价值（元 / 年）。

### （二）湿地生态系统

#### 1. 保育土壤功能

湿地生态系统能够有效减少泥沙淤积，发挥着显著的保育土壤功能，这是由于河流冲击作用造成的。一般而言，由于水文地理特征的特殊性及其时空变化的不均匀性，不同地区湿地泥沙淤积存在差异。为此，本研究选用减少泥沙淤积指标和保肥指标，以反映湿地保育土壤功能。

（1）减少泥沙淤积。因为湿地的减少泥沙淤积功能是通过泥沙淤积程度表现出来的，所以可以通过湿地入水口的泥沙淤积量和出水口的泥沙淤积量之差来估算湿地的减少泥沙淤积量。

①年减少泥沙淤积量。湿地年减少泥沙淤积量计算公式如下：

$$G_{土} = \left(X_2 - X_1\right) \times A \qquad (1-47)$$

式中：$G_{土}$——湿地年减少泥沙淤积量（吨 / 年）；

　　　$A$——湿地当年入库地表径流量（立方米）；

　　　$X_1$——湿地入水口的泥沙淤积量 [ 吨 /（公顷·年）]；

　　　$X_2$——湿地出水口的泥沙淤积量 [ 吨 /（公顷·年）]。

②年减少泥沙淤积价值。由于土壤侵蚀流失的泥沙淤积于水库中，会减少水库蓄积水的体积，因此本研究根据蓄水成本（替代工程法）计算湿地年泥沙淤积价值，计算公式如下：

$$U_{土} = G_{土} \times V_{土} \qquad (1-48)$$

式中：$U_{土}$——湿地年减少泥沙淤积价值（元 / 年）；

$G_{土}$——湿地年减少泥沙淤积量（吨 / 年）；

$V_{土}$——挖取和运输单位体积土方所需费用（元 / 立方米）。

（2）保肥。湿地保肥功能是指减少泥沙淤积中养分流失，本研究采用的是湿地淤积泥沙中所含有的氮、磷、钾等养分的量，再折算成化肥价格的方法来计算。

①年保肥量。计算公式如下：

$$G_{保肥} = (X_2 - X_1) \times A \times (N + P + K + C) \tag{1-49}$$

式中：$G_{保肥}$——湿地年减少养分流失量（吨 / 年）；

　　　$X_1$——湿地入水口的泥沙淤积量 [ 吨 /（公顷·年）]；

　　　$X_2$——湿地出水口的泥沙淤积量 [ 吨 /（公顷·年）]；

　　　$A$——湿地面积（公顷）；

　　　$C$——泥沙淤积中平均有机质含量（%）；

　　　$N$——泥沙淤积中平均氮含量（%）；

　　　$P$——泥沙淤积中平均磷含量（%）；

　　　$K$——泥沙淤积中平均钾含量（%）。

②年保肥量价值。年减少淤积泥沙中氮、磷、钾等养分的含量换算成化肥即为湿地年保肥价值。本研究的湿地年保肥价值以淤积泥沙中的氮、磷、钾和有机质含量折合成磷酸二铵化肥和氯化钾化肥的价值来体现。计算公式如下：

$$U_{保肥} = (X_2 - X_1) \times A \times (\frac{N}{D_{氮}} \times V_{氮} + \frac{P}{D_{磷}} \times V_{磷} + \frac{K}{D_{钾}} \times V_{钾} + C \times V_{有机质}) \tag{1-50}$$

式中：$U_{保肥}$——年保肥价值（元 / 年）；

　　　$X_1$——湿地入水口的泥沙淤积量 [ 吨 /（公顷·年）]；

　　　$X_2$——湿地出水口的泥沙淤积量 [ 吨 /（公顷·年）]；

　　　$A$——湿地面积（公顷）；

　　　$C$——泥沙淤积中平均有机质含量（%）；

　　　$N$——泥沙淤积中平均氮含量（%）；

　　　$P$——泥沙淤积中平均磷含量（%）；

　　　$K$——泥沙淤积中平均钾含量（%）；

　　　$D_{氮}$——磷酸二铵化肥含氮量（%）；

　　　$D_{磷}$——磷酸二铵化肥含磷量（%）；

　　　$D_{钾}$——氯化铵化肥含钾量（%）；

　　　$V_{氮}$ 和 $V_{磷}$——磷酸二铵化肥价格（元 / 吨）；

　　　$V_{钾}$——氯化钾化肥价格（元 / 吨）；

$V_{有机质}$——有机质化肥价格（元／吨）。

**2. 水生植物养分固持功能**

湿地生态系统中，养分主要储存在土壤中，可以说土壤是其最大的养分库。地质大循环中，生态系统中的养分不断向下淋溶损失，而生物小循环则从地质循环中保存累积一系列的生物所必需的营养元素，随着生物的生长以及生物量的不断积累，土壤母质中大量营养元素被释放出来，成为有效成分，供生物生长需要。因此，生物是形成土壤和土壤肥力的主导因素。当植物的一个生命周期完成时，大量的养分在植物体变黄、凋落之前被转移到植物体的其他部位，还有一些则通过枯枝落叶等凋落物而返回土壤中。本研究参考崔丽娟（2004）的关于湿地营养循环研究，湿地水生植物氮、磷、钾年固定量分为 128.78 千克／公顷、0.88 千克／公顷、86.33 千克／公顷。

（1）水生植物养分固持量。计算公式如下：

$$G_{氮}=A \times N \tag{1-51}$$

$$G_{磷}=A \times P \tag{1-52}$$

$$G_{钾}=A \times K \tag{1-53}$$

式中：$G_{氮}$——湿地生态系统氮固持量（千克／年）；

　　　$G_{磷}$——湿地生态系统磷固持量（千克／年）；

　　　$G_{钾}$——湿地生态系统钾固持量（千克／年）；

　　　$N$——单位面积湿地水生植物固氮量（千克／公顷）；

　　　$P$——单位面积湿地水生植物固磷量（千克／公顷）；

　　　$K$——单位面积湿地水生植物固钾量（千克／公顷）；

　　　$A$——湿地面积（公顷）。

（2）水生植物养分固持价值。采取把营养物质折合成磷酸二铵化肥和氯化钾化肥方法计算水生植物养分固持价值，计算公式如下：

$$U_{营养}=\left(G_{氮} \times V_{氮}+G_{磷} \times V_{磷}+G_{钾} \times V_{钾}\right)/1000 \tag{1-54}$$

式中：$U_{营养}$——湿地生态系统养分固持价值（元／年）；

　　　$G_{氮}$——湿地生态系统氮固持量（千克／年）；

　　　$G_{磷}$——湿地生态系统磷固持量（千克／年）；

　　　$G_{钾}$——湿地生态系统钾固持量（千克／年）；

　　　$V_{氮}$——氮肥的价格（元／吨）；

　　　$V_{磷}$——磷肥的价格（元／吨）；

　　　$V_{钾}$——钾肥的价格（元／吨）。

### 3. 涵养水源功能

湿地生态系统具有强大的调节水量功能（崔丽娟，2004），即在洪水期可以蓄积大量的洪水，以缓解洪峰造成的损失，同时储备大量的水资源在干旱季节提供生产、生活用水。另外，湿地生态系统还具有净化水质的作用。由此，本研究从调节水量和净化水质两个指标反映湿地的涵养水源功能。

（1）调节水量。

①年调节水量。湿地生态系统年调节水量计算公式如下：

$$G_{调节水量}=\sum_{i=1}^{n}\left(H_i\times A\right) \tag{1-55}$$

式中：$G_{调节水量}$——湿地调节水量（立方米／年）；

　　　$A$——湿地面积（公顷）；

　　　$H_i$——湿地洪水期平均淹没深度（米）。

②年调节水量价值。由于湿地对水量主要起调节作用，与水库的功能相似。因此，本研究中湿地生态系统调节水量价值依据水库工程的蓄水成本（替代工程法）来确定，计算公式如下：

$$U_{调节水量}=G_{调节水量}\times P_r \tag{1-56}$$

式中：$U_{调节水量}$——湿地调节水量价值（元／年）；

　　　$G_{调节水量}$——湿地调节水量（立方米／年）；

　　　$P_r$——水资源市场交易价格（元／立方米）。

（2）净化水质。

①年净化水质量。湿地生态系统年净化水质计算公式如下：

$$G_{净化水质}=A\times\left(C_入-C_出\right)\times\rho \tag{1-57}$$

式中：$G_{净化水质}$——湿地净化水质的量（立方米／年）；

　　　$A$——湿地面积（公顷）；

　　　$C_入$——湿地入水口 COD 含量（千克／立方米）；

　　　$C_出$——湿地出水口 COD 含量（千克／立方米）。

　　　$\rho$——水的密度（千克／立方米）。

②年净化水质价值。计算公式如下：

$$U_{净化水质}=G_{净化水质}\times P_w \tag{1-58}$$

式中：$U_{净化水质}$——湿地净化水质价值（元／年）；

$G_{净化水质}$——湿地净化水质的量（立方米／年）；

$P_w$——污水处理厂处理单位 COD 成本（元／立方米）。

### 4. 固碳释氧功能

湿地对大气环境既有正面也有负面影响。湿地对于大气调节的正效应主要是指通过大面积挺水植物芦苇以及其他水生植物的光合作用固定大气中的二氧化碳，向大气释放氧气；负效应指湿地向大气中排放温室气体（主要指二氧化碳和甲烷）。湿地内主要植被类型为水生或湿生植物，且分布广泛，主要以芦苇为主。芦苇作为适合河湖湿地和滩涂湿地生长的湿生植物，具有极高的生物量和土壤碳库储存。

（1）固碳。

①年固碳量。计算公式如下：

$$G_{固碳} = \left( R_{碳_i} \times M_{CO_2} + R_{碳_j} \times M_{CH_4} \right) \times A \tag{1-59}$$

式中：$G_{固碳}$——湿地生态系统固碳量（吨／年）；

$R_{碳_i}$——二氧化碳中碳的含量（0.27）；

$M_{CO_2}$——实测湿地净二氧化碳交换量，即 NEE（吨／公顷）；

$R_{碳_j}$——甲烷中碳的含量（0.75）；

$M_{CH_4}$——实测湿地甲烷含量（吨／公顷）；

$A$——湿地面积（公顷）。

②年固碳价值。计算公式如下：

$$U_{固碳} = G_{固碳} \times C_{碳} \tag{1-60}$$

式中：$U_{固碳}$——湿地生态系统固碳价值（元／年）；

$G_{固碳}$——湿地生态系统固碳量（吨／年）；

$C_{碳}$——固碳价格（元／吨）。

（2）释氧。

①年释氧量。计算公式如下：

$$G_{释氧} = 1.2 \times \sum m \times A \tag{1-61}$$

式中：$G_{释氧}$——湿地生态系统释氧量（吨／年）；

$m$——湿地单位面积生物量（吨／公顷）；

$A$——湿地面积（公顷）。

②年释氧价值。计算公式如下：

$$U_{释氧} = G_{释氧} \times C_{释氧} \tag{1-62}$$

式中：$U_{释氧}$——湿地生态系统释氧价值（元／年）；

　　　$G_{释氧}$——湿地生态系统释氧量（吨／年）；

　　　$C_{释氧}$——氧气价格（元／吨）。

### 5. 降解污染功能

湿地被誉为"地球之肾"，具有降解和去除环境污染的作用，尤其是对氮、磷等营养元素以及重金属元素的吸收、转化和滞留具有较高的效率，能有效降低其在水体中的浓度；湿地还可通过减缓水流、促进颗粒物沉降，从而将其上附着的有害物质从水体中去除。如果进入湿地的污染物没有使水体整体功能退化，即可以认为湿地起到净化的功能。

（1）降解污染物量。计算公式如下：

$$G_{降} = Q_i \times (C_{入_i} - C_{出_i}) \tag{1-63}$$

式中：$G_{降}$——湿地生态系统降解污染物量（千克／年）；

　　　$Q_i$——湿地中第 $i$ 种污染物（COD、氨氮、全磷）的年排放总量（千克／年）；

　　　$C_{入_i}$——湿地入水口第 $i$ 种污染物的浓度（%）；

　　　$C_{出_i}$——湿地出水口第 $i$ 种污染物的浓度（%）。

（2）降解污染物价值。计算公式如下：

$$U_{降} = G_{降} \times C_{降} \tag{1-64}$$

式中：$U_{降}$——湿地生态系统降解污染物价值（元／年）；

　　　$G_{降}$——湿地生态系统降解污染物量（千克／年）；

　　　$C_{降}$——湿地中第 $i$ 种污染物清理费用（元／千克）。

### 6. 水产品供给功能

（1）水生植物供给。

①水生植物供给量。计算公式如下：

$$G_{水生植物} = \sum_{i=1}^{n} Q_i \times A \tag{1-65}$$

式中：$G_{水生植物}$——水生食用植物的产量（千克／年）；

　　　$Q_i$——各类可食用水生植物的单位面积产量（千克／公顷）；

　　　$A$——湿地面积（公顷）。

②水生植物供给价值。计算公式如下：

$$U_{水生植物} = G_{水生植物} \times P_{植物} \tag{1-66}$$

式中：$U_{水生植物}$——水生食用植物的价值（元／年）；

$G_{水生植物}$——水生食用植物的产量（千克/年）；

$P_{植物}$——各类食用植物的单价（元/千克）。

（2）水生动物供给。

①水生动物供给量。计算公式如下：

$$G_{水生动物}=\sum_{j=1}^{n}Q_j \times A \qquad (1\text{-}67)$$

式中：$G_{水生动物}$——水生食用动物的产量（千克/年）；

$Q_j$——各类可食用动物的单位面积产量（千克/公顷）；

$A$——湿地面积（公顷）。

②水生动物供给价值。计算公式如下：

$$U_{水生动物}=G_{水生动物} \times P_{动物} \qquad (1\text{-}68)$$

式中：$U_{水生动物}$——水生食用动物的价值（元/年）；

$G_{水生动物}$——水生食用动物的产量（千克/年）；

$P_{动物}$——各类食用动物的单价（元/千克）。

## 7. 水源供给功能

（1）水源供给量。计算公式如下：

$$G_{水源供给}=Q_{淡水} \times A \qquad (1\text{-}69)$$

式中：$G_{水源供给}$——湿地水源供给量（立方米/年）；

$Q_{淡水}$——单位面积湿地平均淡水供应量[立方米/（公顷·年）]；

$A$——湿地面积（公顷）。

（2）水源供给价值。计算公式如下：

$$U_{水源供给}=G_{水源供给} \times P_{淡水} \qquad (1\text{-}70)$$

式中：$U_{水源供给}$——湿地水源供给价值（元/年）；

$G_{水源供给}$——湿地水源供给量（立方米/年）；

$P_{淡水}$——水资源市场交易价格（元/立方米）。

## 8. 提供生物栖息地功能

湿地是复合生态系统，大面积的芦苇沼泽、滩涂和河流、湖泊为野生动植物的生存提供了良好的栖息地。湿地景观的高度异质性为众多野生动植物栖息、繁衍提供了基地，因而在保护生物多样性方面具有极其重要的价值。湿地生物栖息地功能评估计算公式如下：

$$U_生 = S_生 \times A \qquad (1-71)$$

式中：$U_生$——湿地生态系统生物栖息地价值（元／年）；

　　　$S_生$——单位面积湿地的避难所价值［元／（公顷·年）］；

　　　$A$——湿地面积（公顷）。

### 9. 科研文化游憩功能

湿地为生态学、生物学、地理学、水文学、气候学以及湿地研究和鸟类研究的自然本底和基地，为诸多基础科研提供了理想的科学实验场所。同时，湿地自然景色优美，而且是大量鸟类和水生动植物的栖息繁殖地，因此还会吸引大量的游客前去观光旅游。湿地科研文化游憩功能价值计算公式如下：

$$U_{游憩} = P_游 \times A \qquad (1-72)$$

式中：$U_{游憩}$——湿地生态系统科研文化游憩价值（元／年）；

　　　$P_游$——单位面积湿地科研文化游憩价值［元／（公顷·年）］；

　　　$A$——湿地面积（公顷）。

### （三）草地生态系统

### 1. 保育土壤功能

草地生态系统具有土壤保持的作用，主要表现为减少土壤风力侵蚀和保持土壤肥力两方面。

（1）减少土壤风力侵蚀。

①物质量计算公式如下：

$$G_{土壤侵蚀} = A \times (M_0 - M_1) \qquad (1-73)$$

式中：$G_{土地侵蚀}$——减少草地土壤风力侵蚀量（吨／年）；

　　　$A$——草地面积（公顷）；

　　　$M_0$——实测无草覆盖下的风力侵蚀量［吨／（公顷·年）］；

　　　$M_1$——实测有草覆盖下的风力侵蚀量［吨／（公顷·年）］。

②价值量计算公式如下：

$$U_{土壤侵蚀} = G_{土壤侵蚀} \times C_土 \qquad (1-74)$$

式中：$U_{土壤侵蚀}$——减少草地土壤风力侵蚀价值（元／年）；

　　　$G_{土壤侵蚀}$——减少草地土壤风力侵蚀量（吨／年）；

　　　$C_土$——挖取单位面积土方费用（元／吨）。

（2）保持土壤肥力。

①年保肥量。计算公式如下：

$$G_{氮}=A \times N \times (X_2 - X_1) \tag{1-75}$$

$$G_{磷}=A \times P \times (X_2 - X_1) \tag{1-76}$$

$$G_{钾}=A \times K \times (X_2 - X_1) \tag{1-77}$$

$$G_{有机质}=A \times M \times (X_2 - X_1) \tag{1-78}$$

式中：$G_{氮}$——草地减少的氮流失量（吨/年）；

　　　$G_{磷}$——草地减少的磷流失量（吨/年）；

　　　$G_{钾}$——草地减少的钾流失量（吨/年）；

　　　$G_{有机质}$——草地减少的有机质流失量（吨/年）；

　　　$X_1$——有草覆盖下的风力侵蚀量[吨/（公顷·年）]；

　　　$X_2$——无草覆盖下的风力侵蚀量[吨/（公顷·年）]；

　　　$N$——草地土壤平均含氮量（%）；

　　　$P$——草地土壤平均含磷量（%）；

　　　$K$——草地土壤平均含钾量（%）；

　　　$M$——草地土壤平均有机质含量（%）；

　　　$A$——草地面积（公顷）。

②年保肥价值。年固土量中氮、磷、钾的物质量换算成化肥价值即为林分年保肥价值。本研究的草地年保肥价值以减少土壤风力侵蚀量中的氮、磷、钾数量折合成磷酸二铵化肥和氯化钾化肥的价值来体现。计算公式如下：

$$U_{肥} = \frac{G_{氮} \times C_1}{R_1} + \frac{G_{磷} \times C_1}{R_2} + \frac{G_{钾} \times C_2}{R_3} + G_{有机质} \times C_3 \tag{1-79}$$

式中：$U_{肥}$——草地年保肥价值（元/年）；

　　　$G_{氮}$——草地减少的氮流失量（吨/年）；

　　　$G_{磷}$——草地减少的磷流失量（吨/年）；

　　　$G_{钾}$——草地减少的钾流失量（吨/年）；

　　　$G_{有机质}$——草地减少的有机质流失量（吨/年）；

　　　$R_1$——磷酸二铵化肥含氮量（%）；

　　　$R_2$——磷酸二铵化肥含磷量（%）；

　　　$R_3$——氯化钾化肥含钾量（%）；

　　　$C_1$——磷酸二铵化肥价格（元/吨）；

　　　$C_2$——氯化钾化肥价格（元/吨）；

$C_3$——有机质价格（元/吨）。

### 2. 草本养分固持功能

草地生态系统通过生态过程促使生物与非生物环境之间进行物质交换。绿色植物从无机环境中获得必需的营养物质，构造生物体，小型异养生物分解已死的原生质或复杂的化合物，吸收其中某些分解的产物，释放能为绿色植物所利用的无机营养物质。参与草地生态系统维持养分循环的物质种类很多，其中的大量元素有全氮、有效磷、有效钾和有机质等。

（1）氮固持。

①物质量计算公式如下：

$$G_{氮}=Q_{干草} \times A \times R_{氮} \tag{1-80}$$

式中：$G_{氮}$——草地氮固持量（吨/年）；

　　　$Q_{干草}$——不同草地类型年干草产量（吨/公顷）；

　　　$A$——草地面积（公顷）；

　　　$R_{氮}$——单位重量牧草的氮元素含量（%）。

②价值量计算公式如下：

$$U_{氮}=G_{氮} \times P_{氮} \tag{1-81}$$

式中：$U_{氮}$——草地氮固持价值（元/年）；

　　　$G_{氮}$——草地氮固持量（吨/年）；

　　　$P_{氮}$——氮肥价格（元/吨）。

（2）磷固持。

①物质量计算公式如下：

$$G_{磷}=Q_{干草} \times A \times R_{磷} \tag{1-82}$$

式中：$G_{磷}$——草地磷固持量（吨/年）；

　　　$Q_{干草}$——不同草地类型年干草产量（吨/公顷）；

　　　$A$——草地面积（公顷）；

　　　$R_{磷}$——单位重量牧草的磷元素含量（%）。

②价值量计算公式如下：

$$U_{磷}=G_{磷} \times P_{磷} \tag{1-83}$$

式中：$U_{磷}$——草地磷固持价值（元/年）；

　　　$G_{磷}$——草地磷固持量（吨/年）；

　　　$P_{磷}$——磷肥价格（元/吨）。

（3）钾固持。

①物质量计算公式如下：

$$G_{钾}=Q_{干草} \times A \times R_{钾} \qquad (1\text{-}84)$$

式中：$G_{钾}$——草地钾固持量（吨／年）；

$Q_{干草}$——不同草地类型年干草产量（吨／公顷）；

$A$——草地面积（公顷）；

$R_{钾}$——单位重量牧草的钾元素含量（%）。

②价值量计算公式如下：

$$U_{钾}=G_{钾} \times P_{钾} \qquad (1\text{-}85)$$

式中：$U_{钾}$——草地钾固持价值（元／年）；

$G_{钾}$——草地钾固持量（吨／年）；

$P_{钾}$——钾肥价格（元／吨）。

### 3. 涵养水源功能

完好的天然草地不仅具有截留降水的功能，而且比空旷裸地有较高的渗透性和保水能力，对涵养土地中的水分有着重要的意义。天然草原的牧草因其根系细小，且多分布于表土层，因而比裸露地和森林有较高的渗透率。

①涵养水源物质量计算公式如下：

$$G_{水}=10R \times A \times J \times K \qquad (1\text{-}86)$$

式中：$G_{水}$——草地涵养水源量（立方米／年）；

$R$——草地降水量（毫米）；

$A$——草地面积（公顷）；

$J$——产流降水量占降水总量的比例（%）；

$K$——与裸地比较，草地生态系统截留降水、减少径流的效益系数。

②价值量计算公式如下：

$$U_{水}=G_{水} \times P \qquad (1\text{-}87)$$

式中：$U_{水}$——草地涵养水源价值（元／年）；

$G_{水}$——草地涵养水源量（立方米／年）；

$P$——水资源市场交易价格（元／立方米）。

#### 4. 固碳释氧功能

草地植物通过光合作用进行物质循环的过程中，可吸收空气中的二氧化碳并释放出氧气，是陆地上一个重要的碳库。

（1）固碳。

①物质量计算公式如下：

$$G_{植物碳}+G_{土壤碳}=Y\times A\times X\times 12/44+A\times H\times \rho\times C_i\times \lambda \tag{1-88}$$

式中：$G_{植物碳}$——草地植物固碳量（吨／年）；

　　　$G_{土壤碳}$——草地土壤固碳量（吨／年）；

　　　$Y$——草地单位面积产草量（千克／公顷）；

　　　$A$——草地面积（公顷）；

　　　$X$——草地植物的固碳系数，为 1.63；

　　　$H$——草地计算深度（1 米）；

　　　$\rho$——土壤容重（千克／立方米）；

　　　$C_i$——草地土壤有机质含量（%）；

　　　$\lambda$——有机质中碳含量（%）。

②价值量计算公式如下：

$$U_{碳}=\left(G_{植物碳}+G_{土壤碳}\right)\times P_{碳} \tag{1-89}$$

式中：$U_{碳}$——草地固碳总价值（元／年）；

　　　$G_{植物碳}$——草地植物固碳量（吨／年）；

　　　$G_{土壤碳}$——草地土壤固碳量（吨／年）；

　　　$P_{碳}$——固碳价格（元／千克）。

（2）释氧。

①物质量计算公式如下：

$$G_{氧}=Y\times A\times X' \tag{1-90}$$

式中：$G_{氧}$——草地释放氧气的量（吨／年）；

　　　$Y$——草地单位面积产草量（千克／公顷）；

　　　$A$——草地面积（公顷）；

　　　$X'$——草地释氧系数，为 1.19。

②价值量计算公式如下：

$$U_{氧}=G_{氧}\times P_{氧} \tag{1-91}$$

式中：$U_{氧}$——草地释放氧气价值（元/年）；

$G_{氧}$——草地释放氧气量（吨/年）；

$P_{氧}$——氧气价格（元/千克）。

③固碳释氧价值计算公式如下：

$$U_{固碳释氧}=U_{碳}+U_{氧} \tag{1-92}$$

### 5. 净化大气环境功能

草地中有很多植物对空气中的一些有害气体具有吸收转化能力，同时还具有吸附尘埃净化空气的作用。

（1）吸收二氧化硫。

①物质量计算公式如下：

$$G_{二氧化硫}=Q_{二氧化硫} \times A=M \times K_{二氧化硫} \times d \times A \tag{1-93}$$

式中：$G_{二氧化硫}$——草地吸收二氧化硫量（千克/年）；

$Q_{二氧化硫}$——草地单位面积吸收二氧化硫量（千克/公顷）；

$A$——草地面积（公顷）；

$M$——某类型草地单位面积产草量（千克/公顷）；

$K_{二氧化硫}$——每千克干草叶每天吸收二氧化硫的量[千克/（天·每千克干草）]；

$d$——牧草生长期（天）。

②价值量计算公式如下：

$$U_{二氧化硫}=G_{二氧化硫} \times K/N_{二氧化硫} \tag{1-94}$$

式中：$U_{二氧化硫}$——草地吸收二氧化硫价值（元/年）；

$G_{二氧化硫}$——草地吸收二氧化硫量（千克/年）；

$K$——税额（元）；

$N_{二氧化硫}$——二氧化硫的污染当量值（千克）。

（2）吸收氟化物。

①物质量计算公式如下：

$$G_{氟化物}=Q_{氟化物} \times A=M \times K_{氟化物} \times d \times A \tag{1-95}$$

式中：$G_{氟化物}$——草地吸收氟化物量（千克/年）；

$Q_{氟化物}$——草地单位面积吸收氟化物量（千克/公顷）；

$A$——草地面积（公顷）；

$M$——某类型草地单位面积产草量（千克／公顷）；

　　$K_{氟化物}$——每千克干草叶每天吸收氟化物的量 [千克／（天·每千克干草）]；

　　$d$——牧草生长期（天）。

②价值量计算公式如下：

$$U_{氟化物}=G_{氟化物}\times K/N_{氟化物} \tag{1-96}$$

式中：$U_{氟化物}$——草地吸收氟化物价值（元／年）；

　　$G_{氟化物}$——草地吸收氟化物量（千克／年）；

　　$K$——税额（元）；

　　$N_{氟化物}$——氟化物的污染当量值（千克）。

（3）吸收氮氧化物。

①物质量计算公式如下：

$$G_{氮氧化物}=Q_{氮氧化物}\times A=M\times K_{氮氧化物}\times d\times A \tag{1-97}$$

式中：$G_{氮氧化物}$——草地吸收氮氧化物量（千克／年）；

　　$Q_{氮氧化物}$——草地单位面积吸收氮氧化物量（千克／公顷）；

　　$A$——草地面积（公顷）；

　　$M$——某类型草地单位面积产草量（千克／公顷）；

　　$K_{氮氧化物}$——每千克干草叶每天吸收氮氧化物的量 [千克／（天·每千克干草）]；

　　$d$——牧草生长期（天）。

②价值量计算公式如下：

$$U_{氮氧化物}=G_{氮氧化物}\times K/N_{氮氧化物} \tag{1-98}$$

式中：$U_{氮氧化物}$——草地吸收氮氧化物价值（千克／年）；

　　$G_{氮氧化物}$——草地积吸收氮氧化物量（千克／公顷）；

　　$K$——税额（元）；

　　$N_{氮氧化物}$——氮氧化物的污染当量值（千克）。

（4）滞纳 TSP。

①物质量计算公式如下：

$$G_{TSP}=Q_{TSP}\times A \tag{1-99}$$

式中：$G_{TSP}$——草地滞尘量（千克／年）；

　　$Q_{TSP}$——草地单位面积滞纳 TSP 量（千克／公顷）；

*A*——草地面积（公顷）。

②价值量计算公式如下：

$$U_{\text{TSP}}=\left(G_{\text{TSP}}-G_{\text{PM}_{10}}-G_{\text{PM}_{2.5}}\right) \times A \times K/N_{\text{一般性粉尘}}+U_{\text{PM}_{10}}+U_{\text{PM}_{2.5}} \tag{1-100}$$

式中：$U_{\text{TSP}}$——草地滞尘价值（元 / 年）；

　　　　$G_{\text{TSP}}$、$G_{\text{PM}_{10}}$、$G_{\text{PM}_{2.5}}$——实测草地滞纳 $G_{\text{TSP}}$、$G_{\text{PM}_{10}}$、$G_{\text{PM}_{2.5}}$ 的量（千克 / 公顷）；

　　　　$A$——草地面积（公顷）；

　　　　$K$——税额（元）；

　　　　$N_{\text{一般性粉尘}}$——一般性粉尘污染当量值（千克）；

　　　　$U_{\text{PM}_{10}}$——草地年潜在滞纳 $PM_{10}$ 的价值（元 / 年）；

　　　　$U_{\text{PM}_{2.5}}$——草地年潜在滞纳 $PM_{2.5}$ 的价值（元 / 年）。

（5）滞纳 $PM_{10}$。

①物质量计算公式如下：

$$G_{\text{PM}_{10}}=10Q_{\text{PM}_{10}} \times A \times n \times LAI \tag{1-101}$$

式中：$G_{\text{PM}_{10}}$——草地滞纳 $PM_{10}$ 量（千克 / 年）；

　　　　$Q_{\text{PM}_{10}}$——草地单位面积滞纳 $PM_{10}$ 量（克 / 平方米）；

　　　　$A$——草地面积（公顷）；

　　　　$n$——年洗脱次数；

　　　　$LAI$——叶面积指数。

②价值量计算公式如下：

$$U_{\text{PM}_{10}}=G_{\text{PM}_{10}} \times K/N_{\text{炭黑尘}} \tag{1-102}$$

式中：$U_{\text{PM}_{10}}$——草地滞纳 $PM_{10}$ 价值（元 / 年）；

　　　　$G_{\text{PM}_{10}}$——草地滞纳 $PM_{10}$ 量（千克 / 年）；

　　　　$K$——税额（元）；

　　　　$N_{\text{炭黑尘}}$——炭黑尘污染当量值（千克）。

（6）滞纳 $PM_{2.5}$。

①物质量计算公式如下：

$$G_{\text{PM}_{2.5}}=10Q_{\text{PM}_{2.5}} \times A \times n \times LAI \tag{1-103}$$

式中：$G_{\text{PM}_{2.5}}$——草地滞纳 $PM_{2.5}$ 量（千克 / 年）；

　　　　$Q_{\text{PM}_{2.5}}$——草地单位面积滞纳 $PM_{2.5}$ 量（克 / 平方米）；

$A$——草地面积（公顷）；

$n$——年洗脱次数；

$LAI$——叶面积指数。

②价值量计算公式如下：

$$U_{\text{PM}_{2.5}}=G_{\text{PM}_{2.5}} \times K/N_{\text{炭黑尘}} \tag{1-104}$$

式中：$U_{\text{PM}_{2.5}}$——草地滞纳 $\text{PM}_{2.5}$ 价值（元／年）；

$G_{\text{PM}_{2.5}}$——草地滞纳 $\text{PM}_{2.5}$ 量（千克／年）；

$K$——税额（元）；

$N_{\text{炭黑尘}}$——炭黑尘污染当量值（千克）。

### 6. 提供产品功能

生态系统产品是指生态系统所产生的，通过提供直接产品或服务维持人的生活生产活动、为人类带来直接利益的产品。草地生态系统提供的产品可以归纳为畜牧业产品和植物资源产品两大类。畜牧业产品是指通过人类的放牧或刈割饲养牲畜，草地生态系统产出的人类生活必需的肉、奶、毛、皮等畜牧业产品。植物资源则主要包括食用、药用、工业用、环境用植物资源以及基因资源、保护种资源。

（1）草产品。

①物质量计算公式如下：

$$G_{\text{草}}=A \times Y \tag{1-105}$$

式中：$G_{\text{草}}$——草产品产量（千克／年）；

$A$——草地面积（公顷）；

$Y$——草地单位面积产量（千克／公顷）。

②价值量计算公式如下：

$$U_{\text{草}}=G_{\text{草}} \times P_{\text{草}} \tag{1-106}$$

式中：$U_{\text{草}}$——草产品价值（元／年）；

$G_{\text{草}}$——草产品产量（千克／年）；

$P_{\text{草}}$——牧草的单价（元／千克）。

（2）畜牧产品。

①物质量计算公式如下：

$$G_{\text{牲畜}}=Q=\frac{\sum A \times Y \times R}{E \times D} \tag{1-107}$$

式中：$G_{牲畜}$——畜牧产品产量（只）；

　　　$Q$——草地载畜量（只）；

　　　$A$——可利用草地面积（公顷）；

　　　$Y$——牧草单产（千克/公顷）；

　　　$R$——牧草利用率；

　　　$E$——牲畜日食量（千克/日）；

　　　$D$——放牧天数（天）。

②价值量计算公式如下：

$$U_{牲畜}=Q \times P \tag{1-108}$$

式中：$U_{牲畜}$——畜牧产品价值（元/年）；

　　　$Q$——草地载畜量（只）；

　　　$P$——牲畜单价（元/只）。

### 7. 生物多样性保护功能

草地生态系统是生物多样性的重要载体之一，为生物提供丰富的基因资源和繁衍生息的场所，发挥着物种资源保育功能。本研究根据 Shannon-Wiener 指数计算生物多样性保护价值，共划分 7 个等级：

当指数 <1 时，$S_{生}$为 3000 元/（公顷·年）；

当 1≤指数< 2 时，$S_{生}$为 5000 元/（公顷·年）；

当 2≤指数< 3 时，$S_{生}$为 10000 元/（公顷·年）；

当 3≤指数< 4 时，$S_{生}$为 20000 元/（公顷·年）；

当 4≤指数< 5 时，$S_{生}$为 30000 元/（公顷·年）；

当 5≤指数< 6 时，$S_{生}$为 40000 元/（公顷·年）；

当指数≥6 时，$S_{生}$为 50000 元/（公顷·年）。

### 8. 休闲游憩功能

草地生态系统独特的自然景观、气候特色和草原地区长期形成的民族特色、人文特色和地缘优势构成了得天独厚的生态旅游资源。在通辽市，草原旅游已成为区域旅游产业的重要组成部分。计算公式如下：

$$U_{游憩}=G \times R' \tag{1-109}$$

式中：$U_{游憩}$——草地游憩功能价值（元）；

　　　$G$——研究区域旅游年总收入（元）；

　　　$R'$——以草地为主题的旅游收入占旅游总收入的比重（%）。

# 通辽市生态空间资源概况

通辽市位于内蒙古自治区东部（北纬 42°15′ ~ 45°59′、东经 119°14′ ~ 123°43′），地处松辽平原西端、科尔沁草原腹地。东靠吉林省四平市，西接赤峰市、锡林郭勒盟，南依辽宁省沈阳市、阜新市、铁岭市，北边与兴安盟以及吉林省白城市、松原市为邻。南、北部地势高，而中部地势低平，整体呈马鞍形，北部为大兴安岭南麓余脉的石质山地丘陵，海拔 400 ~ 1444 米，约占全市总面积的 23%；中部为西辽河流域沙质冲积平原，海拔 120 ~ 320 米，约占全市总面积的 70%；南部为辽西山地边缘的浅山、黄土丘陵区，海拔 550 ~ 730 米，约占全市总面积的 7%。在西辽河流域冲积平原与山地、丘陵之间的过渡地带分布有沙丘与沙地，海拔大多在 200 ~ 400 米之间。通辽市是国家实施"一带一路"和内蒙古自治区推进向北开放的重要战略节点，在建设我国北疆绿色生态安全屏障上，具有十分重要的地位。

通辽市独特的地理位置，复杂的地形、地貌，鲜明的南北温差以及独特的坨甸风沙区，使得通辽市生态系统复杂多样，其主要生态空间以森林、草地和湿地为主，生态空间类型和状况决定了生态产品供给的数量、质量、分布和结构。在自然因素和人为因素的影响下，森林、草地和湿地资源的数量和质量始终处于动态变化中，及时掌握森林、草地和湿地资源状况，对于分析通辽市生态空间生态产品价值和空间分布特征，加强对自然生态系统的管理和保护，提升生态产品供给能力具有重要意义。

## 第一节　森林资源概况

通辽市地处森林和草原的过渡地带，原始景观为榆树疏林草原，以草原植被为主，森林植被位居其次。植被类型主要由干旱草原类型及旱生草本植物构成。天然的乔灌木树种有榆（*Ulmus pumila*）、蒙古栎（*Quercus mongolica*）、黑桦（*Betula dahurica*）、叶底珠（*Flueggea suffruticosa*）、胡枝子（*Lespedeza bicolor*）、锦鸡儿（*Caragana sinica*）、山杏（*Prunus sibirica*）、沙柳（*Salix cheilophila*）等。

## 一、森林资源空间格局

依据《第三次全国国土调查工作分类地类认定细则》，林地主要为乔木林地、灌木林地和其他林地，其中乔木林地、灌木林地属于森林范畴。通辽市森林资源分布不均，各旗（县、市、区）面积分布差异较大（图2-1），整体呈现出北部＞南部＞中部的分布特征。

> 乔木林地：指乔木郁闭度≥0.2的林地，不包括森林沼泽。
>
> 灌木林地：指灌木覆盖度≥40%的林地，不包括灌丛沼泽。
>
> 其他林地：包括疏林地（树木郁闭度≥0.1、＜0.2的林地）、未成林地、迹地、苗圃等林地。

图2-1　通辽市森林面积空间分布

这与自然环境密切相关，通辽市大部分处于北方农牧交错带，属温带半干旱草原区，北部为大兴安岭南麓余脉的石质山地丘陵，南部为辽西山地边缘的浅山黄土丘陵，中部为西辽河砂质冲击平原，南北两部分山区地势起伏大，气候寒冷土层薄不适合居住，为天然次生林主要分布区，而中部地势平缓且人员大多聚集于此，垦地开荒、乱砍滥伐、牧场超载及水资源开发利用不当等现象导致沙漠化更加严重。此外，通辽市中部地区受河流冲击影响较大，西辽河、教来河、新开河、老哈河、乌力吉木仁河等河流均匀分布在中部沙质冲击平原上，历史上这些河流如无缰的野马，左右摆动，各河流除雨季外均为枯水期，在风力作用下成为两岸沙漠的主要沙源，雨季是水源，旱季是沙源。因此，通辽市森林资源各旗（县、市、区）面积分布差异较大，以中部分布最少。

### 二、森林资源数量状况

通辽市乔木林地和灌木林地占林地总面积的比例分别为 58.37% 和 38.76%（图 2-2）。不同区域森林面积分布情况如图 2-3 所示。其中，扎鲁特旗森林面积最大，占总面积的 36.12%；奈曼旗森林面积位居第二，占总面积的 28.21%；之后依次为科尔沁左翼后旗、库伦旗、科尔沁左翼中旗、科尔沁区、开鲁县，分别占总面积的 13.97%、8.88%、8.10%、2.92% 和 1.47%；森林面积最小的为霍林郭勒市仅占总面积的 0.33%。此外，除奈曼旗和扎鲁特旗外，其余旗（县、市、区）均以乔木林面积占比较多，均在 50.00% 以上。

图 2-2  通辽市林地类型面积比例

通辽市不同区域森林蓄积量如图 2-4 所示，其中奈曼旗和科尔沁左翼后旗森林蓄积量最大，分别占总蓄积量的 23.97% 和 23.54%，其次为扎鲁特旗、科尔沁左翼中旗和库伦旗，三者占总蓄积量的 44.11%。其余旗（县、市、区）森林蓄积量总和仅占总量的 8.38%，森林蓄积量最小的为霍林郭勒市，仅占总蓄积量的 0.62%。

图 2-3　通辽市各旗（县、市、区）不同森林类型面积

图 2-4　通辽市各旗（县、市、区）森林蓄积量占比

### 三、森林资源质量和稳定性分析

#### （一）质量分析

森林质量的高低是决定森林生态系统功能能否有效发挥的关键因素，在保证木材产量供给、维护国家生态安全方面具有重要作用。不同的研究者根据不同的研究目的，选择适合的指标评价森林资源质量状况，例如森林单位面积蓄积量、单位面积生长量、森林健康状况等指标。本研究以森林单位面积蓄积量指标来分析森林资源质量状况。

8个旗（县、市、区）森林单位面积蓄积量如图2-5所示，霍林郭勒市和奈曼旗单位面积蓄积量最高，均在90立方米/公顷以上，扎鲁特旗森林单位面积蓄积量小于40立方米/公顷，其余各分区单位面积蓄积量均在50～60立方米/公顷之间。

不同起源林分单位面积蓄积量以人工林较高，为64.81立方米/公顷，天然林较低，为32.44立方米/公顷。不同优势树种单位面积蓄积量如图2-6所示，软阔组单位面积蓄积量最高，达230.00立方米/公顷以上，冷杉、其他松类、杨树次之，三者的单位面积蓄积量均大于60.00立方米/公顷；其余优势树种组的单位面积蓄积量均小于35.00立方米/公顷。

**图2-5　通辽市森林单位面积蓄积量分布格局**

通辽市通过林木种苗及良种繁育生产、人工更新造林、森林抚育、林业有害生物防治、森林防火等措施提高林木单位面积蓄积量。此外，通过引进科学的管理理念和管理方法，以质量为先导，实行全过程的质量管理，逐步实现森林资源管理科学化、规范化，这些管护措施的实施，促使单位面积蓄积量逐渐增加，森林质量逐渐提高。

**图 2-6　通辽市不同优势树种（组）单位面积蓄积量**

## （二）稳定性分析

生态系统稳定性是指生态系统抵抗外界干扰和干扰去除后恢复初始状态的能力（Huang，1995），其一般内涵包括抵抗力（resistance）、恢复力（resilience）、持久力（persistence）和变异性（variability）。抵抗力是指生态系统在达到演替顶级后，能够自我更新和维持，当面对外来干扰时生态系统内部在一定程度上能够自我调节；恢复力是指生态系统在遭到外界干扰破坏后恢复到原状的能力；持久力是指生态系统的结构和功能长期保持在较高水平；变异性是指生态系统受到自然或人为干扰后，功能和结构波动较小，很快能够重新平衡（丁惠萍，2006）。

稳定性作为森林生态系统的重要属性，集中反映了群落中各种群的自身调节、种间竞争及联结状况，是多种林分因子、环境因子和外界干扰综合作用的结果。森林生态系统稳定性的影响因素主要包括物种组成、群落结构、年龄结构、生物多样性、土壤肥力、种间联结、抚育间伐、森林病虫害、林火干扰等方面。这是由于群落树种组成、径级和年龄结构等林分结构是森林生态系统最明显的特征，也是决定森林群落更新潜力、多样性、种间关系及影响林下凋落物和土壤特性的重要因素，反映了植被生长与环境的适应关系。多样性与群落稳定性关系复杂，一般而言，物种多样性的增加提高了森林生态系统的弹性阈值和稳定性，即物种多样性与稳定性表现为正相关。土壤是决定植物群落结构和影响森林生态系统稳定性的重要非生物因素，林地土壤通气性和持水量高，有机质和无机盐含量丰富，土壤微生物多样性好，有利于提高土壤中营养物质的分解、循环效率，增强土壤的生物活性和持水保肥性能，从而促进林地植被生长，提高森林群落稳定性。风雪灾害、自然火干扰和森林病虫害等自然干扰，一方面破坏了森林植被甚至改变森林生态系统的结构组成，使森林生态系统的抵抗力和生态服务能力降低；另一方面，雪灾或火灾会改变森林土壤理化性质及动物和微生物的群落结构，整个森林生态系统的物质循环与能量流动过程受到影响，进而对森林生态系统的稳定性造成很大的影响。抚育间伐则是对森林生态系统的人为干扰，研究表明，不同择伐强度对天然林或人工林的生产力、植物多样性和种间竞争关系均有影响，间伐减小了林分密度、改善了林内光照和土壤肥力等条件，有效提高了森林生态系统的植物多样性和稳定性。

通辽市森林主要为人工林，研究表明，优势树种组成单一、群落结构和林龄结构简单的人工林由于病虫灾害严重且控制困难，抵御恶劣气候的能力弱，易遭受风灾、雪灾危害，地力容易衰退等多方面的原因，稳定性比天然林差（丁惠萍等，2006），所以从整体上看，通辽市森林稳定性仍有提升的空间。对于天然林而言，不同森林群落类型因林分类型、土壤肥力、生物多样性和干扰等方面的原因，稳定性状况不同。对于人工林而言，需要对一定时间跨度内，特定空间的特定目标树种（纯林、混交林）进行研究，长远考虑，综合评价（梁燕，2018）。

提升森林生态系统质量和稳定性是林业和草原"十四五"规划的重要目标，通辽市应加强混交林及立地条件较差地段（坡度大、海拔高）的灌木林的保护，同时加强树种单一、群落结构简单的低产低效林的改造力度，以提高森林质量和稳定性，充分发挥其综合生态功能。

### 四、森林资源结构

#### （一）树种结构

为了更好地分析不同树种资源的数量状况，选取冷杉、落叶松、其他松、栎类、榆树、杨树、柳树、其他硬阔、其他软阔等 9 个优势树种（组），探讨通辽市森林资源林种状况，为森林经营管理提供依据和参考。由图 2-7 可知，森林资源中，杨树占森林总面积比例最高，达 76.70%；其次为栎类和榆树，二者占森林总面积的 11.68%，其余优势树种组面积占森林总面积比例均小于 1.00%。

森林优势树种（组）蓄积量表现为杨树最大，占总蓄积量的 84.22%；其次是冷杉、栎类和榆树，占总蓄积量比例均在 2.00% 以上，三者占比总计达到 7.20%；落叶松、柳树、其他硬阔、其他软阔等树种（组）占总蓄积量的比例均在 1.00% 以下（图 2-8）。

由此可见，通辽市森林资源以杨树面积占主导优势，冷杉、栎类和榆树次之。杨树是林区稳定的气候演替顶级，在没有重大外力干预下，不会被其他群落所替代，即使在完全裸露的地段——皆伐迹地、弃耕地的农田、路边裸地，也可以不经过阔叶林阶段直接恢复成为杨树林。

图 2-7　通辽市优势种（组）面积占比

图 2-8　通辽市优势树种（组）蓄积量占比

## （二）龄级结构

根据生物学特性、生长过程及森林经营要求，将乔木林按年龄阶段划分为幼龄林、中龄林、近熟林、成熟林和过熟林，不同林龄组的森林面积如图 2-9 所示，森林蓄积量占比如图 2-10 所示。

通辽市森林资源表现为幼龄林的面积最大，将近 18.00 万公顷以上，占比为 36.15%；其次是中龄林和近熟林，在 9.00 万～16.00 万公顷之间，占比分别为 30.01% 和 18.22%；过熟林的面积最小，在 3.00 万公顷以下，仅占不同龄林总面积的 4.02%。蓄积量则以幼龄林和中龄林占比最大，均在 28.00% 以上；过熟林占比最小，不足 6%。

图 2-9　通辽市不同林龄（组）面积

图 2-10　通辽市不同林龄（组）蓄积量占比

## 五、森林生物多样性

通辽市是蒙古高原和东北平原的交汇处，地处大兴安岭南部山地、西辽河平原、辽西黄土丘陵区的连接带上。全市绝大部分位于科尔沁沙地的腹地。在自然地理区划上分属于内蒙古区的东部亚区和东南部亚区，以及东北区的松嫩平原亚区和华北区的黄土高原亚区。在植被区划上分属于欧亚草原区、松辽平原草原区、黄土高原草原区。北部、东北部、南部分别与蒙古高原草原区、西伯利亚针叶林区、东亚夏绿阔叶林区接壤。通辽市特殊的地理位置决定了其气候、土壤、地貌类型以及生物多样性具有鲜明的地域特征。

通辽市植物多样性保护主要是以就地保护形式为主，其中自然保护区是通辽市植物多样性资源保护的主要形式。根据《通辽统计年鉴（2021）》，通辽市共有 66 个自然保护区和 14 个自然公园，总面积 77 万公顷，含重叠面积 13.99 万公顷，约占全市总面积 12.94%，稍低于全国的平均水平（全国为 14.8%，其中国家级自然保护区占国土面积的 9.65%），国家级、自治区级自然保护区和自然公园见表 2-1。此外，通辽市和各旗（县、市、区）建立的生态示范区和近期实施的收缩转移等生态建设工程也对该区域植物多样性的保护发挥了一定的作用。

表 2-1　通辽市自然保护区及森林公园

| 级别 | 名称 |
| --- | --- |
| 国家级自然保护区 | 内蒙古大青沟国家级自然保护区 |
|  | 内蒙古罕山国家级自然保护区 |
| 自治区级森林自然保护区 | 内蒙古乌斯吐自然保护区 |
| 国家级森林公园 | 内蒙古乌旦塔拉自然保护区 |
| 自治区级森林公园 | 内蒙古敖伦国家森林公园 |
|  | 内蒙古通辽市自治区森林公园 |
|  | 内蒙古科尔沁沙地自治区森林公园 |
|  | 内蒙古吐尔基山自治区森林公园 |
|  | 内蒙古乌斯吐自治区森林公园 |
|  | 内蒙古兴隆沼自治区森林公园 |
|  | 内蒙古罕山自治区森林公园 |

根据现有资料初步统计，通辽市有维管植物 1000 余种，其中国家级保护植物有黄檗（*Phellodendron amurense*）、钻天柳（*Salix arbutifolia*）、野大豆（*Glycine soja*）、天麻（*Gastrodia elata*）、水曲柳（*Fraxinus mandshurica*）、胡桃楸（*Juglans mandshurica*）、狭叶瓶尔小草（*Ophioglossum thermale*）等。通辽市药用植物较为丰富，其中麻黄、甘草、防风、黄芩的分布较广，开发利用的潜力还较大；野生花卉、园林绿化树种资源、民族传统食用植物资源、沙生牧草资源也较丰富，这些资源为进一步的引种驯化、规模种植提供了良好的基础。

通辽市北部扎鲁特旗北部和霍林郭勒市分布的动物属于森林草原动物群，代表物种如哺乳类马鹿（*Cervus canadensis*）、原麝（*Moschus moschiferus*）、狍（*Capreolus pygargus*）、野猪（*Sus scrofa*）、赤狐（*Vulpes vulpes*）和旱獭（*Marmota bobak*）等，鸟类金雕（*Aquila chrysaetos*）、花尾榛鸡（*Bonasia bonasia*）、大鸨（*Otis tarda*）、蒙古百灵（*Melanocorypha mongolica*）等，两栖爬行类的花背蟾蜍（*Bufo raddei Strauch*）、中国林蛙（*Rana chensinensis*）、短尾蝮（*Gloydius brevicaudus*）、黄脊游蛇（*Orientocoluber spinalis*）等。东

南部地区的科尔沁区和科尔沁左翼后旗属于西辽河平原动物群，这里为森林草原与草原农田过渡地带，有许多湿地景观，除了交错分布上述动物群以外，这一区域最具代表性的动物是以大天鹅（*Cygnus cygnus*）、蓑羽鹤（*Anthropoides virgo*）、灰鹤（*Grus grus*）和一些雁鸭类及鸻鹬类为主的迁徙鸟类。

此外，丰富的植物种类和较为复杂的地貌类型使通辽市具有多样的生态系统，如山地森林生态系统、北部低山、丘陵草甸草原生态系统、北部山前平原带中温性典型草原生态系统、沙地疏林草原生态系统、西辽河湿地生态系统、沙地森林生态系统、沙区残遗森林生态系统及南部黄土区暖温性典型草原生态系统。这些复杂的生态系统健康发展是维持区域生态安全的重要保障，同时作为观光旅游资源，具有巨大的开发潜力。

## 第二节　草地资源概况

通辽市处于蒙古高原递降辽河平原的斜坡，地貌总轮廓是南部、北部高，中部低平。北部为大兴安岭南麓余脉的石质山地、丘陵区，海拔高度 400 ～ 1444 米，南部为辽西山地的黄土丘陵和浅山区，海拔高度 550 ～ 730 米，中部为西辽河冲积平原，海拔高度 120 ～ 320 米，其边缘分布着固定、半固定沙沼。同时，通辽市位于中纬度，属中温带干旱和半干旱大陆性季风气候，春季干旱大风多，夏季炎热降水集中，秋季凉爽短促、气温下降快、霜冻北早南晚，冬季漫长少雪寒冷。气候条件为雨热同期，有利于植物生长及物质转化和积累。

此外，通辽市地处森林和草原的过渡地带，受地形和气候条件影响，原始景观为榆树疏林草原，以草原植被为主，森林植被位居其次。植被类型主要由干旱草原类型及旱生草本植物构成。天然草地植物有 112 科 446 属 1169 种。在 1169 种植物中，有饲用价值的 578 种，主要饲用植物 185 种，包括羊草（*Leymus chinensis*）、针茅（*Stipa capillata*）、隐子草（*Cleistogenes serotina*）、野古草（*Arundinella hirta*）、紫花苜蓿（*Medicago ruthenica*）和差巴嘎蒿（*Artemisia halodendron*）。

### 一、草地资源空间格局

通辽市草地资源空间分布状况如图 2-11 所示。天然牧草地 155.65 万公顷，占比达到 87.70%；人工牧草地 1.39 万公顷，占 0.78%；其他草地 20.45 万公顷，占 11.52%。草地主要分布在扎鲁特旗和科尔沁左翼后旗，占全市草地面积的 66.40%。通辽市草地资源由于地形等原因，整体呈现分布不均的特征。不同地区的草地资源存在较大差异，扎鲁特旗草地面积最大，在 80.00 万公顷以上，占通辽市草地总面积的 46.42%，其次为科尔沁左翼中旗、科尔沁左翼后旗，草地面积均在 25.00 万公顷以上，二者草地面积之和占通辽市草地总面积的34.40%。科尔沁区和霍林郭勒市草地面积最少，均在4.00万公顷以下。

图 2-11　通辽市草地面积空间分布

## 二、草地资源数量状况

　　依据《第三次全国国土调查工作分类地类认定细则》，通辽市草地主要分为天然牧草地、人工牧草地和其他草地三种类型，其中天然牧草地的面积最大，占总草地面积的86.94%，主要分布在扎鲁特旗、科尔沁左翼后旗和科尔沁左翼中旗，占比分别为51.89%、20.20%和14.59%；其次是其他草地，占草地总面积的12.29%，主要分布在奈曼旗，科尔沁左翼后旗、库伦旗、科尔沁左翼中旗和开鲁县，上述地区其他草地面积占比达81.68%；人工牧草地的面积最小，不足草地总面积的1.00%，分布最多的区域为霍林郭勒市（34.93%）和科尔沁左翼中旗（27.33%），如图2-12所示。

> 　天然牧草地：是指以天然草本植物为主，用于放牧或割草的草地，包括实施禁牧措施的草地，不包括沼泽草地。
> 　人工牧草地：是指人工种植牧草的草地。
> 　其他草地：是指树木郁闭度＜0.1，表层为土质，不用于放牧的草地。

　　通辽市各地区草地类型面积比例如图 2-13 所示，通辽市除科尔沁区和奈曼旗外，其余各地区均以天然牧草地为主，占比均在 60% 以上，科尔沁区和奈曼旗以其他草地为主，占比分别为 63.14% 和 53.21%。人工牧草地主要分布在霍林郭勒市和科尔沁左翼中旗，其余地区占比较低。

图 2-12    通辽市不同草地类型面积占比

图 2-13    通辽市各地区草地类型面积占比

### 三、草地资源质量分析

草地资源具有一切资源质量和数量的基本特性，在考虑通辽市草地资源现状和数据的可获取的基础上，以 NDVI 数据反演的草地植被覆盖度，反映草地的质量等级。按照植被覆盖度将草地生态系统质量分为 5 个等级，分别为优（覆盖度 80% 以上）、良（覆盖度 60% ~ 80%）、中（覆盖度 40% ~ 60%）、差（覆盖度 20% ~ 40%）和劣（覆盖度 20% 以下）。

通辽市草地植被以覆盖度在 40% ~ 80% 之间的区域为主，占比达到 78.06%；植被覆盖度在 80% 以上的区域，面积占比仅在 7.01%。此外，2000—2020 年，通辽市草地植被覆盖度呈现升高的趋势，质量等级升高的草地占草地总面积的 43.43%，等级不变的占草地总面积的 34.05%，等级降低的占总面积的 3.24%。整体来看，通辽市草地资源质量以良和中等草地为主，优质草地较少，同时存在一部分质量有待提高的草地。

利用模型模拟通辽市草地资源生物量数据为基础，从植被生物量情况，草地进行质量评价，按照相对生物量将草地生态系统质量分为 5 个等级，分别为优（相对生物量 80% 以上）、良（相对生物量 60% ~ 80%）、中（相对生物量 40% ~ 60%）、差（相对生物量 20% ~ 40%）和劣（相对生物量 20% 以下）。

通辽市草地资源以相对生物量占比在 40% ~ 80% 之间为主，以良和中等草地为主，分别占总面积的 30.95% 和 35.47%；其次为差等草地，面积占比为 24.72%，优等和劣等草地面积较少。2000—2020 年，通辽市草地生态系统质量和等级整体增加，草地质量等级升高的面积占全市草地面积比例达到 57.82%，一半以上的草地质量有所提升。等级不变的占草地总面积的 21.63%，等级降低的占总面积的 1.18%。优、良、中等草地总增加面积占 2000 年草地总面积的 18.23%。所有草地类型中，差等草地减少幅度达到 60.89%，劣等草地减少幅度达到 86.81%。

2000—2020 年，通辽市草地质量均表现出整体提高的趋势，主要原因可能是 2000 年后，受到施行的多项生态保护政策的影响，尤其是退耕还林、京津风沙源治理工程以及草原荒漠化防治工程对通辽市生态环境的改善起到了重要作用，成为通辽市草地质量提升的主要原因。

### 四、草地生物多样性

通辽市植被在空间上分布规律明显，自北向南依次为山地次生杨、桦林和蒙古栎林、线叶菊草甸草原、西伯利亚杏灌丛化的贝加尔针茅草甸草原、西伯利亚杏灌丛化的大针茅典型草原、克氏针茅典型草原、中部沙区沙地疏林、沙生草原、草甸、沼泽等植被类型、南部黄土丘陵区暖温型本氏针茅典型草原。

植被类型主要由干旱草原类型及旱生草本植物构成。天然草地植物有 112 科 446 属 1169 种。在 1169 种植物中，有饲用价值的 578 种，主要饲用植物 185 种，包括羊草、针茅、隐子草、野谷草、碱草、紫花苜蓿和差巴嘎蒿等。

此外，扎鲁特旗南部、科尔沁左翼中旗、奈曼旗和库伦旗以山地草原、农牧交错带和科尔沁沙地为主要景观，分布着以哺乳类的蒙古兔（*Lepus tolai*）、达乌尔鼠兔（*Ochotona dauurica*）、三趾跳鼠（*Dipus sagitta*）和草原黄鼠（*Citellus relictus*）等，鸟类的环颈雉（*Phasianus colchicus*）、斑翅山鹑（*Perdix dauurica*）和角百灵（*Eremophila alpestris*）等，两栖爬行类的白条锦蛇（*Elaphe dione*）、草原沙蜥（*Phrynocephalus frontalis*）和丽斑麻蜥（*Eremias argus*）等为代表的典型草原动物群和一些伴人动物如树麻雀（*Passer montanus*）、喜鹊（*Pica pica*）等为主的农区动物群。

## 第三节　湿地资源概况

　　湿地是地球表层系统的重要组成部分，是自然界最具生产力的生态系统和人类文明的发祥地之一，是维护国家生态安全的重要基础，在涵养水源、调节气候、改善环境、维护生物多样性等方面具有不可替代的作用。我国为了强化湿地保护和修复，专门针对湿地保护首次立法，于 2022 年 6 月 1 日起正式实施《中华人民共和国湿地保护法》，标志着我国湿地保护全面进入法治化新阶段。湿地生态系统支持了全部淡水生物群落和部分盐生生物群落，兼有水域和陆地生态系统的特点，具有极其特殊的生态功能。通辽市湿地资源较为丰富，湿地类型多样，包含森林、草原、河流与湖泊等，是中国北方寒旱区重要湿地生态区域，是众多湿地迁徙水禽重要栖息地、越冬地，发挥着重要的湿地生态系统服务功能。

### 一、湿地资源空间格局

　　通辽市位于内蒙古自治区东部，地处东北、华北、内蒙古高原三大自然地理区的交汇处，境内河流、湖泊众多。全市湿地资源实行全面保护，面积总量管控。通辽市湿地资源空间分布状况如图 2-14 所示，整体呈现出从东北向西南逐渐减少的分布特征。不同旗（县、市、区）的湿地资源存在差异，扎鲁特旗湿地面积最大，达到 1.52 万公顷；其次为科尔沁左翼中旗和科尔沁左翼后旗，湿地面积均在 6000.00 公顷以上，三者湿地面积之和占通辽市湿地总面积的 77.17%；霍林郭勒市湿地面积最少，小于 1000.00 公顷。

### 二、湿地资源数量状况

　　依据《第三次全国国土调查工作分类地类认定细则》，通辽市湿地类型主要包括灌丛沼泽、沼泽草地、内陆滩涂和沼泽地四种类型。通辽市各湿地类型中，内陆滩涂的面积最大，占湿地总面积的 66.02%；其次是沼泽草地，占比为 28.89%；灌丛沼泽的面积最小，仅占湿地总面积的 1.89%（图 2-15）。

图 2-14　通辽市湿地面积空间分布

图 2-15　通辽市不同湿地类型面积比例

森林沼泽：是指以乔木森林植物为优势群落的淡水沼泽。

灌丛沼泽：是指以灌丛植物为优势群落的淡水沼泽。

沼泽草地：是指以天然草本植物为主的沼泽化的低地草甸、高寒草甸。

内陆滩涂：是指河流、湖泊常水位至洪水位间的滩地；时令湖、河洪水位以下的滩地；水库、坑塘的正常蓄水位与洪水位间的滩地。包括海岛的内陆滩地。不包括已利用的滩地。

沼泽地：是指经常积水或渍水，一般生长湿生植物的土地。包括草本沼泽、苔藓沼泽、内陆盐沼等。不包括森林沼泽、灌丛沼泽和沼泽草地。

通辽市各旗（县、市、区）湿地类型面积占比如图 2-16 所示，整体来看除科尔沁左翼中旗和科尔沁左翼后旗外，其余地区均以内陆滩涂面积占比较高，均在 80.00% 以上。科尔沁左翼中旗和科尔沁左翼后旗以沼泽草地面积占比较高，分别为 67.31% 和 69.56%。内陆滩涂在所有旗（县、市、区）均有分布，科尔沁区、库伦旗、奈曼旗湿地类型均为内陆滩涂；灌丛沼泽仅在扎鲁特旗和科尔沁左翼中旗少量分布，占比分别为 4.89% 和 0.03%；沼泽地仅在扎鲁特旗、开鲁县和科尔沁左翼中旗分布，占比分别为 8.22%、0.65% 和 0.05%。

图 2-16　通辽市各旗（县、市、区）湿地类型面积占比

### 三、湿地资源质量分析

湿地是陆地与水体的过渡地带，因此它同时兼具丰富的陆生和水生动植物资源，形成了其他任何单一生态系统都无法比拟的天然基因库和独特的生物环境，特殊的土壤和气候提供了复杂且完备的动植物群落，它对于保护物种、维持生物多样性具有难以替代的生态价

值。因此，健康的湿地对于维持人类生存和可持续发展具有重要意义。

湿地生态系统健康状况是湿地资源质量的综合反映。《中国陆地生态系统质量定位观测研究报告·湿地》构建了综合反映湿地生态系统结构、功能和恢复力的湿地生态健康评价指标体系，并分析了我国第一次湿地资源调查(1995—2003年)至第二次湿地资源调查(2009—2013年）期间的湿地生态健康时空动态变化。其中，内蒙古自治区在第一次和第二次调查期间退耕还湿分别为3500公顷/年、4900公顷/年，湿地保护率为24.6%。内蒙古自治区的湿地生态健康综合指数在第一次和第二次调查期间分别为0.220、0.254，均为Ⅳ级水平。两次调查期间，内蒙古自治区湿地生态健康综合指数提高了15.1%。

通辽市的湿地资源以自然保护区、国家湿地公园、各级重要湿地为依托的保护体系基本形成。通辽市委、市政府高度重视通辽市湿地生态系统保护与修复和依赖湿地栖息生存的珍贵野生动植物资源的保护，通过实施植被恢复、栖息地恢复和外来有害生物防控、污染治理、水系连通、水生态保护、水资源管理等措施，使湿地生态系统稳定性明显增强，全市水鸟种类逐年增加，湿地野生动植物种群数量显著增加。通辽市湿地自然保护地见表2-2。

### 表2-2　通辽市湿地保护管理体系

| 级别 | 名称 |
| --- | --- |
| 国家级湿地公园 | 内蒙古奈曼孟家段国家湿地公园 |
| 自治区级湿地自然保护区 | 内蒙古双合尔湿地自然保护区 |
| | 内蒙古荷叶花湿地水禽自然保护区 |
| 国家级湿地公园（试点） | 内蒙古科左后旗胡力斯台淖尔国家湿地公园 |
| | 内蒙古霍林郭勒静湖国家湿地公园 |
| 自治区级湿地公园 | 内蒙古自治区科尔沁湿地公园 |

内蒙古双合尔湿地自然保护区位于内蒙古通辽市科尔沁左翼后旗甘旗卡镇东北60千米，地处科尔沁沙地东南部，总面积28424.00公顷。保护区隶属西辽河流域，境内虽无河流，但沙湖分布较多，其中永久性湖泊9个。

内蒙古荷叶花湿地水禽自然保护区位于内蒙古自治区通辽市扎鲁特旗东南部，行政区域地跨道老杜苏木、额格其牧场、前德门苏木、巴颜芒哈林场。保护区距扎鲁特旗人民政府所在地鲁北镇约40千米。该保护区东西宽33千米，南北长41千米，总面积为52823.00公顷，是大兴安岭南段西辽河流域下游地区重要的蓄洪区，以改善生态环境、调节气候、涵养水源、保持水土、防洪泄洪为目的，集生物多样性保护、科学研究、宣传教育、生态旅游和可持续利用等多功能于一体的综合性自然保护区。荷叶花湿地水禽自然保护区属自然生态系统类，湿地类型自然保护区，包括了河流、湖泊、苇塘、草甸、沼泽（盐泽）、林地（灌木林地）、沙地等多样生态系统，这些多样的生态系统为诸多的珍稀野生动植物资源提供了良好栖息环境，是一个巨大的天然生物基因库，在内蒙古乃至全国生物多样性保护中占有重要地位。

内蒙古奈曼孟家段国家湿地公园位于奈曼旗的东北部，科尔沁沙地腹地，也是西辽河上游首个大型旁侧水库，整个西辽河流域防洪体系重要的组成部分。公园地处松辽平原凹陷的斜坡带，沙地、森林、河流、沼泽、草甸交错分布。湿地公园以孟家段水库上、下库区水域及库周草本沼泽湿地为主体，水域面积广阔，水质优良，主要包括天然湿地和人工湿地两个湿地类，规划区总面积 3176.40 公顷，其中湿地面积 2521.66 公顷，湿地率为 79.39%。春秋时节，成千上万只鸿雁（*Anser cygnoides*）、丹顶鹤（*Grus japonensis*）、灰鹤（*Grus grus*）、雁鸭（*Anhimidae*）、鸬鹚（*Phalacrocorax carbo*）、天鹅（*Cygnus* spp.）等各种珍稀和濒危鸟类在此逗留、繁殖。孟家段孕育了种类繁多的水生生物，湿地湖泊水面开阔、水质纯净，几无污染。这里生长着青鱼（*Mylopharyngodon piceus*）、草鱼（*Ctenopharyngodon idella*）、鲢鱼（*Hypophthalmichthys molitrix*）、鳙鱼（*Aristichys nobilis*）、鲤鱼（*Cyprinus carpio*）等鱼类以及藻类、虾蟹、贝类等，形成了完整的水下水生生态系统。

内蒙古科左后旗胡力斯台淖尔国家湿地公园位于内蒙古自治区通辽市科尔沁左翼后旗甘旗卡镇东 304 线东侧，距离甘旗卡镇区 3 千米，总面积 585.72 公顷，不断加强湿地生态系统和珍稀物种栖息环境保护，促进湿地资源的合理利用；加大对群众的宣教力度，把湿地文化融入到当地百姓生活中，营造保护生态环境的良好氛围。

内蒙古霍林郭勒静湖国家湿地公园位于内蒙古通辽市霍林郭勒市，总面积 452.73 公顷，类型独特、区位优势明显，是非常典型的人工城市湿地，具有较大的建设和保护价值。

### 四、湿地生物多样性

通辽市地处松辽平原西端，属于蒙古高原递降到低山丘陵和倾斜冲击平原地带。通辽市的湿地是在特有的温带大陆性季风气候条件下形成的，其地理位置和气候特征决定了通辽地区湿地的特有性和重要性。保护好通辽湿地，对维护通辽地区的生态平衡与安全，促进区域经济社会可持续发展将起到极其重要的作用。

通辽市主要有五大水系，湿地面积广阔。近年来由于人口的增加和社会经济的发展，对湿地破坏严重，使得湿地面积锐减，湿地功能下降，湿地生态环境恶化。目前，通辽市有湿地自然保护区保护对象分别为水生生态系统、湿地生态系统、湿地水域生态系统、湿地水生动植物及生态系统。湿地保护区内草原、湖泊、水库、沼泽、沙地、苇塘相间分布，地貌类型多样，植被群落复杂，具有独特的湿地自然景观和丰富的动植物资源，是科尔沁沙地平原上最具有代表性的地域。湿地保护区滞留大量河水，对保障周边地区生态安全、补充地下水资源、维护生态平衡起着积极作用。通辽市湿地生物多样性包括以下几个方面：一是生物物种的多样性，主要动物有 80 余种，主要植物 120 余种。国家一、二级保护野生动物有 20 余种，其中被列为世界濒危鸟类的有近 10 种。以鹤类为例，全世界鹤类种类共 15 种，在我国记载有 9 种，东北地区仅有 6 种，而在通辽市湿地保护区发现的就达 4 种，分别为丹顶鹤、白枕鹤、灰鹤和蓑羽鹤；二是生态系统多样性：保护区内的生态景观中，不仅有典型的草原生态系统和湿地生态系统，而且还有疏林草原、高山草地等生态景观类型。湿地多样复杂的环境类型，为野生动物尤其是鸟类的栖息繁殖提供了理想场所；三是遗传（基因）的多样性：保护区不仅物种丰富，而且单一物种的种群数量也很大，除少数珍稀、濒危物种以外，其他物种种群数量均很大，如大天鹅、白鹮（*Threskiornis melanocephalus*）、白琵鹭（*Platalea leucorodia*）、大鸨（*Otis tarda*）等。

此外，通辽市自然保护区中蕴藏着丰富的动植物资源。例如内蒙古双合尔湿地自然保护区在植被带上处于长白山夏绿阔叶林带与西辽河平原典型草原亚带的过渡地带辽河平原地区的森林草原亚带。在区内隆起的沙坨地上，发育有榆树疏林、沙地灌丛、沙地草原等植被类型，植被组成主要有西伯利亚杏（*Prunus sibirica*）、大果榆（*Ulmus macrocarpa*）、小叶锦鸡儿（*Caragana microphylla*）、黄柳（*Salix gordejevii*）、冰草（*Agropyron cristatum*）、糙隐子草（*Cleistogenes squarrosa*）以及蒿属（*Artemisia* spp.）组成的半灌木群落。在沙丘间的低湿地，植被则以湖泊为中心向外依次分布为水生植被、沼泽植被以及各种草甸植被。如浮萍（*Lemna minor*）、品藻（*L. trisulca*）、菖蒲（*Acorus calamus*）、扁秆藨草（*Scirpus planiculmis*）、小粒薹草（*Carex karoi*）、羊草、短芒大麦草（*Hordeum brevisubulatum*）、荻（*Miscanthus sacchariflorus*）、毛秆野古草（*Arundinella hirta*）等。

内蒙古荷叶花湿地水禽自然保护区有高等植物 419 种，隶属 64 科 230 属，其中裸子植物 1 种，隶属 1 科 1 属；被子植物 418 种，隶属 63 科 229 属。根据植被分类系统和各级分类单位的划分标准，将保护区植被划分为 4 个植被型组 4 个植被型 7 个植被亚型 12 个群系组 17 个群系。经调查确定，保护区有脊椎动物 220 种，分属于 23 目 60 科 125 属，占内蒙古脊椎动物种数（712 种）的 31.04%。其中，两栖类 4 种（1 目 2 科 2 属），占保护区脊椎动物种数的 1.8%；爬行类 11 种（1 目 4 科 5 属），占保护区脊椎动物种数的 5.0%；兽类有 36 种（5 目 11 科 24 属），占保护区脊椎动物种数的 16.7%；鸟类 169 种（16 目 43 科 94 属），占保护区脊椎动物种数的 76.5%。

# 第三章

# 通辽市生态空间绿色核算

## 第一节　生态空间绿色核算结果综合分析

通辽市生态空间生态产品物质量分别为年固土量 8769.69 万吨，年保肥量 349.26 万吨，年植被养分固持量为 21.04 万吨，年涵养水源 27.01 亿立方米，年固碳量 298.21 万吨（碳当量，折合成 $CO_2$ 为 915.50 万吨），年释氧量 558.15 万吨，年吸收气体污染物及降解污染量 62.27 万吨，年滞尘量 0.29 亿吨。

生态空间生态产品总价值见表 3-1。本次核算出生态产品总价值量为 958.02 亿元 / 年，相当于当年全市 GDP（1276.64 亿元）的 0.75 倍，占内蒙古自治区 GDP（17369.8 亿元）的 5.50%。其中，森林生态系统为 388.93 亿元 / 年，草地生态系统为 339.42 亿元 / 年，湿地生态系统为 39.99 亿元 / 年。通辽市生态空间生态产品价值量按照生态系统服务四大类别划分，支持服务、调节服务、供给服务和文化服务分别占总价值的 16.65%、51.59%、11.96%、19.80%。

### 表 3-1　生态空间四大服务价值量核算结果

| 服务类别 | 功能类别 | 价值量（亿元/年） | | 百分比（%） |
|---|---|---|---|---|
| 支持服务 | 保育土壤 | 134.94 | 159.54 | 16.65 |
| | 养分固持 | 24.60 | | |
| 调节服务 | 涵养水源 | 203.36 | 494.25 | 51.59 |
| | 固碳释氧 | 68.62 | | |
| | 净化大气环境与降解污染物 | 192.57 | | |
| | 森林防护 | 29.70 | | |
| 供给服务 | 栖息地与生物多样性保护 | 69.91 | 114.55 | 11.96 |
| | 提供产品 | 43.94 | | |
| | 湿地水源供给 | 0.70 | | |
| 文化服务 | 生态康养 | 189.68 | 189.68 | 19.80 |
| 总计 | | 958.02 | 958.02 | 100.00 |

通辽市生态空间生态产品价值量在空间上呈现非均匀分布，生态空间资源面积越大、质量越高、水热条件越好的区域，其生态效益一般越高。这种分布格局特征在生态空间生态产品价值量的自然地理区域空间分布与各旗（县、市、区）空间分布中均有所体现（图 3-1）。从空间分布上看，生态空间总价值量最高的为扎鲁特旗，占全市生态空间总价值量的 46%；其次为科尔沁左翼后旗、奈曼旗和科尔沁左翼中旗，年价值量在 80.00 亿～130.00 亿元之间，占通辽市生态空间总价值量的 43%（图 3-2），主要是受各旗（县、市、区）区森林、湿地、草地等生态资源面积及各类型生态系统类型比例差异的影响（图 3-3），例如扎鲁特旗生态空间总面积最大，其生态效益价值量也最大。

图 3-1　通辽市生态空间生态产品价值量空间分布

图 3-2　通辽市生态空间生态产品总价值量旗县市区尺度排序

图 3-3　通辽市各旗（县、市、区）不同生态系统类型生态产品价值占比

## 一、生态空间支持服务

生态空间支持服务是指支撑和维护其他类型生态系统服务可持续供给的一类服务，是生态系统服务进行有效配置的关键，对维持生态系统结构、生态系统功能和生态系统恢复力十分重要，其持续性的退化将不可避免地降低人类从其获得的各种收益。生态空间支持服务对

于人类福祉的影响通常是间接的，由于缺乏现实的市场环境，以及影响效应需要长时间的积累才能体现，因此在制定生态系统管理相关决策制定时容易被忽略，进而导致其长期效益被短期效益所取代，从而造成区域生态系统的破环以及绿色发展能力的下降。通辽市生态空间提供的支持服务一般主要包括保育土壤功能和植被养分固持功能，是为人类提供其他各项服务的根本保障，对于维护通辽市生态平衡和保障人类生命财产安全具有不可替代的作用。

> 支持服务：是指生态空间土壤形成、养分循环和初级生产等一系列对于所有其他生态空间服务的生产必不可少的服务。

图 3-4　通辽市生态空间支持服务价值量空间分布

2020 年，通辽市生态空间支持服务价值量为 159.54 亿元，生态空间支持服务价值量空间分布如图 3-4 所示，扎鲁特旗生态空间支持服务价值量最高，超过 70 亿元 / 年；其次为奈曼旗、科尔沁左翼后旗，均超过 25 亿元 / 年；以上 3 个旗（县、市、区）生态空间支持服务价值量之和占全市生态空间支持服务总价值的 77.24%。这主要是由于相较于湿地生态系统和草地生态系统，森林生态系统保育土壤和植被养分固持能力较强，上述旗（县、市、区）森林资源面积占比较高，因而生态空间支持服务功能较高。

### 二、生态空间调节服务

生态空间调节服务在全球气候方面发挥着至关重要的作用，可以调节全球和区域气候，是河流的重要补给源，对河流径流具有天然调节作用，同时可以改善生态环境。因此，生态空间调节服务具有举足轻重的地位。通辽市生态空间调节服务主要包括涵养水源、固碳释氧、净化大气环境与降解污染物和森林防护 4 项功能，这些功能的发挥为人类生存、生产、生活提供了良好的条件。

> 调节服务：是指人类从气候调节、疾病调控、水资源调节、净化水质和授粉等生态空间调节作用中获得的各种惠益。

2020 年，通辽市生态空间调节服务价值量为 494.25 亿元，空间分布如图 3-5 所示，扎鲁特旗生态空间调节服务价值量最高，超过 200.00 亿元 / 年；其次为科尔沁左翼后旗、奈曼旗、科尔沁左翼中旗，均超过 50.00 亿元 / 年；以上 4 旗生态空间调节服务价值量之和占全市生态空间调节服务总价值的 88.39%。通辽市生态空间调节服务总体表现为中部地区低四周高，这主要是由于森林生态系统调节服务显著强于湿地生态系统和草地生态系统，而森林主要分布在扎鲁特旗、奈曼旗、科尔沁左翼中旗和科尔沁左翼后旗，因而生态空间调节服务功能较高。

### 三、生态空间供给服务

生态空间供给服务与人类生活和生产密切相关，所供给产品的短缺对人类福祉会产生直接或间接的不利影响。在过去的时间里，人类为获取经济效益对这些产品的获取常高于其可持续生产的水平上，通常导致产品产量在快速增长一段时间后最终走向崩溃。通辽市生态空间供给服务主要包括栖息地与生物多样性保护功能、提供产品及湿地水源供给，这些功能的发挥与人类福祉息息相关，为获得可持续产品供给服务，要充分考虑生态空间的承载力和恢复力。

**图 3-5  通辽市生态空间调节服务价值量空间分布**

2020 年，通辽市生态空间供给服务价值量为 114.55 亿元，空间分布如图 3-6 所示，扎鲁特旗生态空间供给服务价值量最高，超过 40.00 亿元/年；其次为科尔沁左翼后旗、奈曼旗和科尔沁左翼中旗，均超过 10 亿元/年；以上 4 个旗（县、市、区）生态空间供给服务价值量之和占全市生态空间供给服务总价值的 86.63%。

> 供给服务：是指人类从生态空间获得的食物、淡水、薪材、生化药剂和遗传资源等各种产品。

图 3-6　通辽市生态空间供给服务价值量空间分布

### 四、生态空间文化服务

可持续发展是当今社会发展的主题，而生态空间生态系统服务是可持续发展的基础。不同于供给服务、调节服务、支持服务直接为人类生产生活提供保障，生态空间的各生态系统文化服务作为生态系统服务的重要组成部分，是连接社会与自然系统的桥梁，极大地满足了人们的精神需求。因此，深入研究生态空间文化服务不仅便于人们更加全面地认识生态系统，同时使政府决策时能够看到其潜在的社会文化附加价值，从而有利于地区的开发和保护，最终促进生态系统优化管理，保障社会经济的可持续发展。

2020 年，通辽市生态空间文化服务价值量超过 180.00 亿元 / 年，这是由于通辽市拥有丰富的草地、湿地资源为主体的风景名胜，吸引着中外游客到此参观游玩，放松身心，同时带动了区域的经济发展。

> 文化服务：是指人类从生态空间获得的精神与宗教、消遣与生态旅游、美学、灵感、教育、故土情结和文化遗产等方面的非物质惠益。

## 第二节　生态空间生态产品绿色核算结果

### 一、生态空间绿色"水库"

水是生命之源，是人类赖以生存和发展的物质基础。随着人口增长和经济的快速发展而来的水环境质量恶化和水资源需求量增加问题加剧，水资源短缺已成为公众关注的全球性热点问题。森林、草地和湿地作为生态空间的重要组成部分，发挥着涵养水源功能的绿色"水库"作用，对缓解水资源短缺和水环境恶化具有重要作用，其关键在于森林生态系统具有调节蓄水径流、缓洪补枯和净化水质等功能；湿地生态系统可以有效储存水分并缓慢释放，将水资源在时间和空间上再分配，进而调节洪峰高度，减少下游洪水风险；草地生态系统发挥着截留降水的功能且具有较高的渗透性和保水能力，对于调节径流具有重要意义。

> 绿色"水库"是指生态空间涵养水源功能，主要体现在蓄水、调节径流、削洪抗旱和净化水质等方面，是调节水量和净化水质功能之和。通过对降水的截留、吸收和下渗，对降水进行时空再分配，减少无效水，增加有效水。

2020 年通辽市生态空间涵养水源功能总价值量为 203.36 亿元 / 年（相当于内蒙古自治区水利总投资的 2.11 倍），扎鲁特旗价值量在 90 亿元 / 年以上，占通辽市的 45.58%。各旗（县、市、区）生态空间涵养水源绿色"水库"功能在空间上具有不均匀性（图 3-7），呈现出中部低、四周高的格局，除与各旗（县、市、区）降水量的空间分布具有一致性，生态空间发挥的绿色"水库"作用在调节水资源分布不平衡、促进水资源合理利用问题上发挥着不可替代的作用。总体而言，通辽市生态空间在涵养水源、改善水环境质量方面贡献突出，充分发挥了生态绿色"水库"作用，可以有效避免水资源枯竭现象的出现，有利于实现通辽市水资源的可持续利用。

### 二、生态空间绿色"碳库"

生态空间中，森林生态系统固定并减少大气中的二氧化碳，同时向大气中释放氧气，在维持大气二氧化碳和氧气的动态平衡、减少温室效应，缓解气候变化中发挥着不可替代的作用；湿地生态系统土壤温度低、湿度大、微生物活动弱、植物残体分解缓慢，土壤呼吸释放二氧化碳速率低，形成并积累大量的碳；草地生态系统固定二氧化碳形成有机质，对于调

图 3-7　通辽市生态空间绿色"水库"空间分布

节大气组分动态平衡、维持人类生存的最基本条件起着至关重要的作用。森林、湿地、草地生态系统"碳中和"能力的发挥，对于应对气候变化，争取 2060 年前实现碳中和目标，履行国际义务，树立大国形象至关重要。

2020 年通辽市生态空间生态产品绿色"碳库"功能碳当量为 298.21 万吨，折合成 1.19 亿吨二氧化碳，相当于中和了内蒙古自治区当年工业碳排放量的 2.00%，总价值量为 68.62 亿元，在应对全球气候变化、发展低碳经济和推进节能减排的过程中发挥着不可替代的绿色"碳库"功能。各旗（县、市、区）生态空间固碳释氧绿色"碳库"功能空间分布如图 3-8 所示，未来伴随着典型生态区生态修复措施的实施，新技术和新能源的使用和碳汇交易的开展，森林、湿地、草地等生态空间的绿色"碳库"功能将显著提高，同时促进全市国民经济的发展，为生态建设提供支持，为全市生态环境的改善作出巨大贡献。

绿色"碳库"：是指生态空间碳中和功能，生态空间植被层通过光合作用将空气中的二氧化碳合成碳水化合物转化为生物量，同时释放出等当量的氧气。生态空间土壤层也是一个巨大的绿色"碳库"，土壤层通过有机碳的积累和储存，捕获并封存了通过植被层固定并迁移到土壤层的碳。绿色植物的"特异功能"，就是能够进行光合作用，从空气中捕获二氧化碳（灰碳），并转化为葡萄糖（绿碳），再经生化作用合成碳水化合物（绿碳）。生物链就是绿碳链。植物绿碳经由食物链传递，转化为动物体内碳水化合物（绿碳）。与光合作用对应的是呼吸作用。动植物通过呼吸作用把一部分绿碳重新转化为二氧化碳，并释放进入大气（灰碳）；另一部分则构成生物机体，在机体内贮存（绿碳）。动植物死后，通过微生物分解作用，尸体中的碳（绿碳）成为二氧化碳排入大气（灰碳）。

图 3-8　通辽市生态空间绿色"碳库"空间分布

研究表明，不同区域生态空间碳中和能力受全球气候变化和人类活动等要素的调控，特别是全球变化可能会促进陆地植被活动，进而影响生态空间碳汇大小。例如二氧化碳施肥效应、氮沉降、气候变化和土地覆盖变化等，尤其是近年来极端气候事件频发，给"双碳"目标的实现带来了严峻挑战。通辽市为实现碳达峰、碳中和的"3060"目标，一方面要紧紧围绕"五位一体"总体布局和"四个全面"战略布局，落实"两个屏障""两个基地""一个桥头堡"战略定位，着力构建以生态产业化、产业生态化为核心的绿色现代产业体系；另一方面还需要采取综合措施，发挥多方面的作用，促进森林、湿地、草地生态系统可持续高质量发展，充分发挥森林、湿地、草地等生态系统在减少、吸收和固定二氧化碳中的关键作用。

### 三、生态空间治污减霾绿色"氧库"

森林可以通过叶片吸附大气颗粒物与污染气体，在净化大气中扮演着重要的角色，此外还可以提供大量的负离子作为一种无形的旅游资源供人类享用。湿地中的芦苇等植物以及微生物对水体中污染物质的吸收、代谢、分解、积累和减轻水体富营养化等具有重要作用，并且湿地由于水体面积大，对区域小气候的调节不可忽视。湿地生态系统具有降解和去除环境污染的作用，尤其是对氮、磷等营养元素以及重金属元素的吸收、转化和滞留具有较高的效率，能有效降低其在水体中的浓度；湿地还可通过减缓水流，促进颗粒物沉降，从而将其上附着的有毒物质从水体中去除，有效净化水体环境，因此被誉为"地球之肾"。草地生态系统可以滞纳空气中的二氧化硫、粉尘等污染物，美化环境，为人类创造良好的居住环境。

> 绿色"氧库"：是指生态空间净化大气、水体环境功能，是提供负离子、吸收气体污染物（二氧化硫、氮氧化物和氟化物）、降解污染、滞纳 TSP、滞纳 $PM_{10}$ 和滞纳 $PM_{2.5}$ 功能之和。

2020 年通辽市生态空间治污减霾功能总价值量为 192.57 亿元，各旗（县、市、区）、市生态空间治污减霾绿色"氧库"功能空间分布如图 3-9 所示，以扎鲁特旗、科尔沁左翼后旗、奈曼旗和科尔沁左翼中旗表现较好，合计占通辽市的 89.88%。社会经济的快速发展使得人民的生活水平提高的同时，增加了环境工业"三废"污染，而通辽市生态空间的治污减霾绿色"氧库"功能在区域清洁发展和创造可持续发展的生态福祉中发挥着重要作用。此外，通辽市地处北方防沙带的东北森林带，是我国东北地区重要的生态屏障，在阻止草原沙化、退化，减少水体流失、流沙面积增大等方面起到重要的防风固沙作用，对其他区域的环境净化具有重要作用。

图 3-9  通辽市生态空间绿色"氧库"空间分布

## 四、生态空间绿色"基因库"

近年来，生物多样性保护日益受到国际社会的高度重视，已经将其视为生态安全和粮食安全的重要保障，提高到人类赖以生存的条件和经济社会可持续发展基础的战略高度来认识。2021 年 10 月，联合国《生物多样性公约》第十五次缔约方大会在昆明举办，大会以"生态文明：共建地球生命共同体"为主题，旨在倡导推进全球生态文明建设，强调人与自然是生命共同体，强调尊重自然、顺应自然和保护自然，努力达成《生物多样性公约》提出的到 2050 年实现生物多样性可持续利用和惠益分享，实现"人与自然和谐共生"的美好愿景。

绿色"基因库"：是指生态空间生物多样性保护、生境提供功能。森林生态系统为生物物种提供生存与繁衍的场所，从而对其起到保育作用的功能；湿地生态系统的高度异质性为众多野生动植物栖息、繁衍提供了基地，因而在保护生物多样性方面具有极其重要的价值；草地生态系统多数分布在降水少、气候干旱、生长季节短暂的区域，这些区域往往不适合森林的生长，而草本植被独特的耐旱、耐寒特性是目前国内外抗逆性基因研究的重点。

图 3-10　通辽市生态空间绿色"基因库"空间分布

保护生物多样性和景观旨在保护和恢复动植物群落、生态系统和生境以及保护和恢复天然和半天然景观的措施和活动，森林、草地和湿地生态空间作为重要的景观类型，均与维护生物多样性有着明确的关联，同时能够增加景观的审美价值（SEEA，2012）。森林生态系统为生物物种提供生存与繁衍的场所，对其中的动物、植物、微生物及其所拥有的基因及生物的生存环境起到保育作用，而且还为生物进化以及生物多样性的产生与形成提供了条件。湿地生态系统的高度异质性为众多野生动植物栖息、繁衍提供了基地，还是珍稀候鸟迁徙途中的重要栖息地，因而在保护生物多样性方面具有极其重要的价值。森林、草地和湿地等生态空间发挥的生物多样性"基因库"功能为人类社会生存和可持续发展提供了重要支撑，有助于实现"人与自然和谐共生"的美好愿景。

2020 年通辽市生态空间绿色"基因库"总价值为 69.91 亿元，占生态空间总价值量的 7.31%；各旗（县、市、区）生态空间生物多样性保护绿色"基因库"功能空间分布如图 3-10 所示，扎鲁特旗价值量最高，在 22.00 亿元/年以上。总体而言，通辽市生态空间在维护生物多样性发挥着不可替代的作用。此外，生态工程的实施将促进生物多样性保护"基因库"功能的提升，重视生态空间生物多样性"基因库"功能，不仅为人类提供福祉，还可以为动植物提供生存生长环境，对于维持区域生态平衡、保护珍稀物种具有重要作用。

# 通辽市森林生态产品绿色核算

　　优质生态产品是最普惠的民生福祉，是维系人类生存发展的必需品，森林生态系统产生的服务也是最普惠的民生福祉。森林生态产品绿色核算从森林生态系统服务功能物质量与价值量角度对生态产品进行核算，物质量评估能够比较客观地反映生态系统的生态过程，进而反映生态系统服务功能的可持续性（赵景柱等，2000）。量化研究与分析森林生态系统提供的服务功能，对确定它在社会经济发展中的贡献和作用及其对干扰的反应都具有十分重要的意义（郝仕龙等，2010）。依据国家标准《森林生态系统服务功能评估规范》（GB/T 38582—2020），本章将评估森林生态系统服务功能的物质量，研究其空间分布格局和动态变化特征。

　　生态系统服务是指人们从生态系统中获得的所有惠益。自20世纪末，随着Constanza等（1997）、Daily等（1997）学者研究成果的发表，生态系统服务研究引起了国际上的广泛关注，特别是千年生态系统评估（the Millennium Ecosystem Assessment，MA）的开展极大地推动了全球范围内的生态系统服务研究，随后开展的生态系统和生物多样性经济学（the Economics of Ecosystem and Biodiversity，TEEB）研究、生物多样性和生态系统服务政府间科学—政策平台（Intergovernment Science-Policy Platform on Biodiversity and Ecosystem Services，IPBES）、环境经济核算体系试验性—生态系统核算（System of Environment-Economic Accounting 2012-Experimental Ecosystem Accounting，SEEA-EEA）等又逐步推动了各国政府尝试将生态系统价值核算纳入国民经济核算体系。

　　评估带来的一个直接问题是，即使是在市场上交易的商品也可能因补贴、非竞争性做法或其他举措而导致价格扭曲，因此我们在观察相关产品的基础价值之前必须进行调整。对于大部分环境产品而言，因为它们没有在市场上交易，所以没有参考的价格，这使问题变得复杂，但近三十年来，环境产品的非市场货币价值估算方法迅速发展（UK NEA，2011）。

我国也高度重视生态系统价值核算的相关研究，发布了不同类型生态系统的相关评估规范，并针对生态系统价值相关的理论框架、技术方法与实践应用等开展了广泛研究。特别是党的十八大以来，一系列生态文明建设要求的提出又将生态系统价值相关研究推到了前所未有的高度。价值量评估是指从货币价值量的角度对生态系统提供的生态服务功能价值进行定量评估。许多生态系统服务功能难以量化估价，如净化水质、净化大气环境、景观游憩和文化价值等，本研究采用《森林生态系统服务功能评估规范》（GB/T 38582—2020）中的评估方法和公式，在森林生态系统服务功能价值量评估中，主要采用等效替代原则，并用替代品的价格进行等效替代核算某项评估指标的价值量（SEEA，2003）。同时，在具体选取替代品的价格时应遵守权重当量平衡原则，考虑计算所得的各评估指标价值量在总价值量中所占的权重，使其保证相对平衡。

## 第一节　森林生态系统服务功能物质量

通过评估得出，通辽市森林生态系统保育土壤、林木养分固持、涵养水源、固碳释氧和净化大气环境5项服务功能物质量，评估的结果见表4-1。

表 4-1　通辽市森林生态系统服务功能物质量评估结果

| 服务类型 | 功能类别 | 指标 | 物质量 |
|---|---|---|---|
| 支持服务 | 保育土壤 | 固土量（万吨/年） | 3377.60 |
| | | 减少氮流失（万吨/年） | 4.41 |
| | | 减少磷流失（万吨/年） | 1.97 |
| | | 减少钾流失（万吨/年） | 67.36 |
| | | 减少有机质流失（万吨/年） | 73.40 |
| | 林木养分固持 | 氮固持（万吨/年） | 7.38 |
| | | 磷固持（万吨/年） | 0.84 |
| | | 钾固持（万吨/年） | 4.16 |
| 调节服务 | 涵养水源 | 调节水量（亿立方米/年） | 11.10 |
| | 固碳释氧 | 固碳（万吨/年） | 144.48 |
| | | 释氧（万吨/年） | 344.68 |
| | 净化大气环境 | 提供负离子量（$\times 10^{22}$ 个/年） | 515.27 |
| | | 吸附二氧化硫（万千克/年） | 12662.48 |
| | | 吸附氟化物（万千克/年） | 338.74 |
| | | 吸附氮氧化物（万千克/年） | 630.14 |
| | | 滞尘量（亿千克/年） | 182.79 |
| | | 滞纳$PM_{10}$（万千克/年） | 913.96 |
| | | 滞纳$PM_{2.5}$（万千克/年） | 365.58 |

### 一、保育土壤

根据 2021 年内蒙古水土保持公报，通辽市水土流失严重，2020 年全市水土流失面积占区域总面积的 54.10%，其中水力侵蚀占比达到 12.92%，风力侵蚀占比达到 87.08%，较上一年减少 620.85 平方千米。土壤资源是环境中的一个基本组成部分，它们提供支持生物资源生产和循环所需的物质基础，是农业和森林系统的营养素和水的来源，为多种多样的生物提供生境，在碳固存方面发挥着至关重要的作用，对环境变化起到复杂的缓冲作用（SEEA，2012）。森林凭借庞大的树冠、深厚的枯枝落叶层，以及网络状的根系截留大气降水，减少雨滴对土层的直接冲击，有效地固持土壤，减少土壤流失量。

通辽市森林生态系统年固土量为 3377.60 万吨，相当于黄河近十年平均输沙量（17900.00万吨）的 18.87%（水利部，2021），表明通辽市森林生态系统保育土壤功能作用显著。总保肥物质量为 218.22 万吨，是通辽市当年农用化肥施用量（折纯 58.87 万吨）的 3.71 倍（通辽市统计局，2021）。

通辽市森林生态系统固土量如图 4-1 所示，各分区以扎鲁特旗固土量为最多，占通辽市森林年固土总量的 41.81%；其次为奈曼旗，占比为 29.70%；以霍林郭勒市占比最低，为 0.30%。水土流失是人类面临的重要环境问题，已经成为经济、社会可持续发展的一个重要的制约因素。减少林地的土壤侵蚀模数能够很好地减少林地的土壤侵蚀量，对林地土壤形成很好的保护（Fu et al., 2011）。扎鲁特旗森林面积大，乔木林占比在各分区最高，为 26.90%，灌木林面积占比为全市的一半以上，森林的冠层、根系及枯落物层，有效地固持土壤，降低了地表径流对土壤的冲蚀，减少林地土壤侵蚀模数，减少土壤流失量，起到较好的固土作用。

图 4-1 通辽市各旗（县、市、区）森林生态系统固土量

森林保育土壤的功能不仅表现为固定土壤，同时还表现为保持土壤肥力。图 4-2 为森林生态系统氮、磷、钾以及有机质保育量，可以看出扎鲁特旗的森林保肥量为最多，年减少氮、磷、钾和有机质量流失分别为 2374.80 吨、558.91 吨、17714.92 吨和 24275.20 吨；以霍林郭勒市保肥量最少，年减少氮、磷、钾和有机质流失量分别为 1.46 万吨、0.76 万吨、28.32 万吨、29.97 万吨。保肥功能与森林固土能力相依存，正是由于扎鲁特旗能够较好地固持土壤，减少土壤的流失，从而使得其保肥的功能也相对较高。

**图 4-2    通辽市各旗**（县、市、区）**森林生态系统保肥量**

通辽市森林生态系统所发挥的保肥功能，对于保障当地水质安全、生态安全和保障经济、社会可持续发展具有十分重要的现实意义。水土流失过程中会携带的大量养分、重金属和化肥进入江河湖库，污染水体，使水体富营养化。土壤贫瘠化还会影响林业经济的发展，通辽市森林生态系统的保肥功能对于维护本地区林业经济的稳定具有十分重要的作用。

## 二、林木养分固持

森林在生长过程中不断地从周围环境中吸收养分固定在植物体内，成为全球生物化学循环不可缺少的环节，地下动植物（包括菌根关系）促进了基本的生物地球化学过程，促进土壤、植物养分和肥力的更新（UK National Ecosystem Assessment，2011）。林木养分固持功能首先是维持自身生态系统的养分平衡，其次才是为人类提供生态系统服务功能。森林通过大气、土壤和降水吸收氮、磷、钾等营养物质并贮存在体内各器官，其林木养分固持功能对降低下游水源污染及水体富营养化具有重要作用。而林木养分固持与林分的净初级生产力密切相关，林分的净初级生产力与地区水热条件也存在显著关联（Johan et al., 2000）。林木养分固持功能与固土保肥中的保肥功能，无论从机理、空间部位，还是计算方法上都有本质区别，前者属于生物地球化学循环的范畴，而保肥功能是从水土保持的角度考虑，即如果没有这片森林，每年水土流失中也将包含一定的营养物质，属于物理过程。2020 年，通辽市森林生态系统林木养分固持物质量总量（包括氮、磷、钾的固持）为 12.38 万吨。

通辽市森林生态系统林木养分固持量分布如图 4-3 所示，扎鲁特旗林木养分固持量最大，占通辽市林木养分固持总量的 42.66%；其次为奈曼旗、科尔沁左翼后旗和科尔沁左翼中旗，林木养分固持量分别占通辽市林木养分固持总量的 28.32%、12.84% 和 6.89%；最小的是霍林郭勒市，林木养分固持量占比仅为 0.36%。

**图 4-3　通辽市各旗**（县、市、区）**森林生态系统林木养分持量**

### 三、涵养水源

根据 2021 年内蒙古水资源公报，通辽市水资源严重匮乏，水资源的主要补给来源为大气降水，赋存形式为地表水、地下水和土壤水，可通过水循环逐年得到更新。2020 年通辽市地表水资源量 7.00 亿立方米，地下水资源量 37.58 亿立方米，降水主要集中在夏季，占全年降水量的 70.00%，多年平均降水量仅为全国平均值的 61.00% 左右，属资源型缺水地区（内蒙古自治区水利厅）。由表 4-1 可以看出，通辽市森林生态系统涵养水源调节水量为 11.10 亿立方米 / 年，相当于 2020 年通辽市水资源总量（38.99 亿立方米）的 28.47%，相当于内蒙古最大的沙漠水库莫力庙水库库容（1.92 亿立方米）的 5.78 倍，通辽市孟家段国家湿地公园的孟家段水库库容（1.08 亿立方米）的 10.28 倍，通辽市的森林生态系统充分发挥了绿色"水库"功能，对于维护通辽市乃至全区的水资源安全起着举足轻重的作用。

通辽市各分区的森林生态系统涵养水源量如图 4-4 所示。其中，扎鲁特旗最大，约占涵养水源总量的 45.49%；霍林郭勒市最小，约占涵养水源总量的 0.33%。扎鲁特旗位于通辽市西北部，地处大兴安岭南段、科尔沁草原腹地，属内蒙古高原向松辽平原过渡地带，属中温带大陆性季风气候，降水量相对丰富，年均降水量多在 380.00 毫米以上；同时，扎鲁特旗森林面积占比较高，乔木林和灌木林占全市的比例达 36.12% 以上，森林对降水进行二次分配，减缓径流的形成，减少水资源的流失（Liu，2004），从而使得其涵养水源量最高。霍林郭勒市位于通辽市的最北端，年均降水量在 358.00 毫米左右，降水总量少；加上霍林郭勒市乔木林面积小，树种少，构成简单，从而使得霍林郭勒市涵养水源功能最低。

**图 4-4　通辽市各旗**（县、市、区）**森林生态系统涵养水源量**

### 四、固碳释氧

　　工业是通辽市经济发展的动力，无论过去还是将来，都将支撑通辽市经济持续发展。通辽市拥有丰富的矿藏资源，适宜发展资源加工型产业。从近年来主要能源产量结构来看，2020 年以来，煤炭产量所占比重不仅远远高于原油、天然气、水电等其他能源类产品，而且其比重仍在逐年提高（内蒙古自治区统计局，2023）。从《内蒙古统计年鉴（2021）》可知，2020 年通辽市工业能源消费总量为 1643.42 万吨标准煤，利用碳排放转换系数 0.68（中国国家标准化管理委员会，2008）换算可知，通辽市 2020 年碳排放量（$CO_2$）为 1117.53 万吨，通辽市森林生态系统固碳量为 144.48 万吨/年，相当于吸收了 2020 年通辽市碳排放量的 47.45%，与工业减排相比，森林固碳投资少、代价低，更具有经济可行性和现实操作性。

　　通辽市各分区森林生态系统固碳量如图 4-5 所示，扎鲁特旗固碳量最大，霍林郭勒市最小。扎鲁特旗固碳量占通辽市森林年固碳总量的 31.74%；其次为奈曼旗、科尔沁左翼后旗，固碳量分别占通辽市森林年固碳总量的 25.71%、15.22%；最小的是霍林郭勒市，固碳量仅占通辽市森林年固碳总量的 0.29%。

**图 4-5　通辽市各旗（县、市、区）森林生态系统固碳量**

通辽市各分区森林生态系统释氧量如图 4-6 所示，扎鲁特旗释氧量最大，占通辽市森林年释氧总量的 34.47%；其次为奈曼旗、科尔沁左翼后旗，释氧量分别占通辽市森林年释氧总量的 28.02%、16.68%；最小的是霍林郭勒市，释氧量仅占通辽市森林年释氧总量的 0.32%。

**图 4-6　通辽市各旗（县、市、区）森林生态系统释氧量**

森林固碳释氧机制是通过森林自身的光合作用过程吸收二氧化碳，并蓄积在树干、根部及枝叶等部位，并释放出氧气，从而抑制大气中二氧化碳浓度的上升，体现出绿色减排的作用。扎鲁特旗以其降水条件较好，年均降水量在 380 毫米以上，再加上雨热同期，水分和温度因子适宜，使得扎鲁特旗森林植被光合作用相对较强，固定较多的二氧化碳，释放出更多的氧气，从而使得其固碳释氧功能在各分区中最好。

## 五、净化大气环境

内蒙古是我国重要的能源省份之一，在西部大开发政策的驱使下，内蒙古经济实现了跨越式发展，但与此同时，环境污染问题日益突现。据统计，2020 年全区环境空气质量优良天数比率为 90.8%，高于 89.1% 的国家考核要求；细颗粒物（$PM_{2.5}$）未达标的 10 个盟市平均浓度下降比例为 25.0%，高于 12.0% 的国家考核要求。大气主要污染物二氧化硫、氮氧化物排放量均完成"较 2015 年分别下降 11%"的考核要求。2018 年通辽市工业排放二氧化硫量为 3.93 万吨、氮氧化物量为 4.28 万吨（内蒙古自治区统计局，2022），而通辽市森林生态系统二氧化硫吸收量为 1.27 万吨、氮氧化物吸收量为 0.63 万吨，分别相当于吸收了二氧化硫和氮氧化物排放量的 32.32% 和 14.72%，表明森林具有一定的净化大气环境功能。

从图 4-7 可以看出，提供负离子最高的是扎鲁特旗，最低的是霍林郭勒市，占比分别为 39.06% 和 0.40%。扎鲁特旗最高点吞特尔山位于罕山林场，海拔 1444.20 米，平均海拔在 526.00 米以上，海拔越高越易受到宇宙射线的影响，负离子的浓度增加越明显（牛香，2017）；其次，扎鲁特旗水文条件优越，其年均降水量较霍林郭勒市多 25 毫米，水源条件好

图 4-7　通辽市各旗（县、市、区）森林生态系统提供负离子量

的地区其产生的负离子越多（张维康，2015）；第三，扎鲁特旗森林面积较多，尤其是针叶林分布面积较多，作为针叶树种其针状叶的等曲率半径较小，具有"尖端放电"功能，产生的电荷能够使空气发生电离从而产生更多的负离子。正是基于以上原因，扎鲁特旗森林产生负离子的能力最强，产生负离子的量最多。

通辽市森林生态系统吸收气体污染物的总量为13631.37万千克/年，从图4-8可以看出，扎鲁特旗森林吸收污染物量最多，占通辽市森林生态系统吸收污染物总量的43.88%，奈曼旗占通辽市森林年吸收污染物总量的28.64%；最小的是霍林郭勒市，吸收污染物仅占通辽市森林吸收污染物总量的0.43%。

**图 4-8　通辽市各旗（县、市、区）森林生态系统吸收气体污染物量**

通辽市森林生态系统滞尘量、滞纳$PM_{10}$及$PM_{2.5}$的总量分别为182.79亿千克/年、913.96万千克/年及365.58万千克/年。从图4-9至图4-11可以看出，以扎鲁特旗为最大，其森林滞尘量、滞纳$PM_{10}$及$PM_{2.5}$的量为分别占相应总量的比值均在57.00%左右；最小的是霍林郭勒市，其森林滞尘量、滞纳$PM_{10}$及$PM_{2.5}$的量分别占相应总量的比值均在0.40%以下。

森林滞尘作用表现：一方面，由于森林茂密的林冠结构，可以起到降低风速的作用。随着风速的降低，空气中携带的大量空气颗粒物会加速沉降；另一方面，由于植物的蒸腾作用，树冠周围和森林表面保持较大湿度，使空气颗粒物容易降落吸附。最重要的还因为树体蒙尘之后，经过降水的淋洗滴落作用，使得植物又恢复了滞尘能力（牛香，2017）。受污染的空气经过森林反复洗涤过程后，变成了清洁的空气。树木的叶面积总数很大，森林叶面积的总和为其占地面积的数十倍，因此，森林具有较强的吸附滞纳颗粒物的能力。另外，植被对空气颗粒物有吸附滞纳、过滤的功能，其吸附滞纳颗粒物能力随植被种类、地区、面积大小、风速等环境因素不同而异，能力大小可相差十几倍至几十倍。森林生态系统被誉为"大自然总调度室"，因其一方面对大气的污染物如二氧化硫、氟化物、氮氧化物、粉尘、重金属具有很好的阻滞、过滤、吸附和分解作用；另一方面，树叶表面粗糙不平，通过茸毛、油脂或其他黏性物质可以吸附部分沉降物，最终完成净化大气环境的过程，改善人们的生活环境，保证社会经济的健康发展（张维康，2015）。《内蒙古统计年鉴（2015）》显示，2018年通辽市工业烟（粉）尘排放量为1.98万吨/年，而通辽市森林生态系统滞尘量182.79亿千克/年，相当于当年工业烟（粉）尘排放量的923倍以上。因此，应该充分发挥通辽市森林生态系统滞尘作用，调控区域内空气中颗粒物含量，更大地发挥森林净化大气环境的作用。

图 4-9　通辽市各旗（县、市、区）森林生态系统滞尘量

图 4-10　通辽市各旗（县、市、区）森林生态系统滞纳 PM$_{10}$ 量

**图 4-11　通辽市各旗**（县、市、区）**森林生态系统滞纳 PM$_{2.5}$ 量**

## 第二节　森林生态系统服务功能价值量

优质生态产品是最普惠的民生福祉，是维系人类生存发展的必需品，森林生态系统产生的服务也是最普惠的民生福祉。依据国家标准《森林生态系统服务功能评估规范》(GB/T 38582—2020)，本节对通辽市各分区的森林生态系统服务功能的价值量开展评估研究。

经济评估确定产品对个人的货币价值。无论这些产品是否与生态系统服务有关，经济学都试图根据人们为了获得有关产品而准备放弃其他产品来衡量其价值。最明显的衡量标准（也是与决策最相符的衡量标准）是明确个人愿意为该产品支付的金额，即人们的"支付意愿"(willingness to pay，WTP)。森林蕴育着巨大的自然财富，为绿色发展提供了重要的物质基础。自然资源市场的不断发展，森林资源在国民经济中占据越来越重要的位置。所评估的 8 项功能价值量见表 4-2，通辽市森林生态产品总价值为 388.93 亿元 / 年。

**表 4-2　通辽市森林生态产品价值量评估结果**

亿元 / 年

| 旗（县、市、区） | 支持服务 | | 调节服务 | | | | 供给服务 | | 总计 |
|---|---|---|---|---|---|---|---|---|---|
| | 保育土壤 | 林木养分固持 | 涵养水源 | 固碳释氧 | 净化大气环境 | 森林防护 | 生物多样性保护 | 提供林木产品 | |
| 科尔沁区 | 1.51 | 0.34 | 1.48 | 1.11 | 1.64 | 0.58 | 1.68 | 11.27 | 388.93 |
| 霍林郭勒市 | 0.18 | 0.06 | 0.24 | 0.11 | 0.42 | 0.16 | 0.17 | | |
| 科尔沁左翼中旗 | 4.34 | 1.01 | 4.48 | 3.04 | 5.67 | 5.73 | 4.53 | | |

| 旗（县、市、区） | 支持服务 | | 调节服务 | | | | 供给服务 | | |
|---|---|---|---|---|---|---|---|---|---|
| | 保育土壤 | 林木养分固持 | 涵养水源 | 固碳释氧 | 净化大气环境 | 森林防护 | 生物多样性保护 | 提供林木产品 | 总计 |
| 科尔沁左翼后旗 | 8.61 | 1.95 | 8.67 | 5.96 | 13.26 | 6.82 | 7.95 | | |
| 开鲁县 | 0.72 | 0.18 | 0.78 | 0.48 | 0.81 | 0.63 | 0.80 | | |
| 库伦旗 | 3.53 | 0.76 | 3.62 | 2.55 | 5.24 | 2.52 | 4.14 | 11.27 | 388.93 |
| 奈曼旗 | 18.24 | 4.63 | 19.95 | 9.92 | 22.35 | 0.92 | 13.23 | | |
| 扎鲁特旗 | 25.40 | 6.90 | 32.75 | 12.21 | 64.13 | 12.34 | 16.23 | | |
| 合计 | 62.53 | 15.83 | 71.97 | 35.38 | 113.52 | 29.70 | 48.73 | | |

在 8 项森林生态服务功能价值的贡献之中（图 4-12），从大到小的顺序为净化大气环境、涵养水源、保育土壤、生物多样性保护、固碳释氧、森林防护、林木养分固持、提供林木产品。通辽市各项森林生态系统服务价值量所占总价值量的比例能够充分体现出该区域森林生态系统以及森林资源结构的特点。

图 4-12　通辽市森林生态系统服务功能价值量占比

净化大气环境功能价值量为 113.52 亿元 / 年，排在所有功能的第一位；其次为涵养水源功能，排在第二位；二者占比接近一半，凸显了森林涵养水源和治污减霾投资少、代价低、综合效益大，更具经济可行性和现实操作性的特点，再次证明了森林是陆地上最大的绿色"水库"和最经济的"吸尘器",森林生态系统具有显著的治污减霾和调节水量效果。通过工业节能减排减霾的空间是有限的,森林具有治污减霾能力,对改善大气环境有着巨大和不可替代的作用。作为陆地生态系统的主体,在面对生态环境恶化和全球气候变化的过程中,需要提升森林的治污减霾能力,为工业排放治污拓宽容量空间,保障经济的可持续增长。森林还可以减少气候变化所产生的一些影响,特别是调节土壤和林冠下的温度,为动物和游客提供阴凉地。林地覆盖物能够提供阴凉,避免强风,减少热量损失和土壤侵蚀。森林在溪流的遮荫可以调节温度,有利于鱼类生存(UK NEA, 2011)。

森林生态系统每年提供的涵养水源、保育土壤总价值量为 134.50 亿元。森林生态系统凭借庞大的林冠,发达的根系和枯枝落叶层保育土壤、涵养水源。由此可见,通辽市森林生态系统对于涵养水源、调节径流、防止水土流失、改善区域小气候、抵御旱灾、洪灾、风灾、泥石流等自然灾害等方面具有重要作用,同时也是维护生态安全以及防灾减灾的主要措施和手段。

生物多样性保护是指森林生态系统为生物物种提供生存与繁衍的场所,起到保育功能,其价值是森林生态系统在物种保育中作用的量化。森林生态系统尤其是天然林生态系统结构复杂,其中孕育着多种多样的动植物资源以及珍贵的基因资源,对于全区乃至全球的生态安全具有重要的意义。通辽市森林生态系统较好地维持生态系统的稳定与结构,对区域生态安全乃至全球的物种保护都具有重要意义。可持续利用生物多样性是推动保护生物多样性,维持生态系统服务,保证人类社会经济发展的一种生物多样性利益方式,是应对开发、栖息地丧失及其他威胁生物多样性因素的有效措施(IPBES, 2014)。

林木养分固持功能价值量为 15.83 亿元 / 年,该功能在保障区域水系、土壤安全和健康中发挥着重要作用。森林生态系统可以使土壤中部分营养元素暂时地保存在植物体内,之后通过生命循环进入土壤,这样可以暂时减少因为水土流失而带来的养分元素的损失;而一旦土壤养分元素损失就会带来土壤贫瘠化,若想保持土壤原有的肥力水平,就需要向土壤中通过人为的方式输入养分,而这又会带来一系列的问题和灾难(Tan et al., 2005)。因此,林木养分固持功能能够很好地维持土壤的营养元素水平,对林地健康具有重要的作用。

森林防护功能价值量为 29.70 亿元 / 年,该功能在打赢三北工程攻坚战,把三北工程建设成为功能完备、牢不可破的北疆绿色长城、生态安全屏障。通辽市位于内蒙古自治区东部,地处科尔沁沙地腹部,通过防沙治沙,全市森林植被盖度增加,森林生态系统提供森林防护功能,在改善生态环境、促进地方经济发展中发挥了重要作用。

在现代化林业发展的过程中,人们也将森林生态效益的相关内容纳入林业资产核算当中,这就使得林业资产核算体系更加完善,从而有利于我国社会经济的稳定发展。森林作为一种重要的可再生自然资源,为经济社会可持续发展作出的贡献越来越受到社会的重视,将生态文明建设融入经济建设、政治建设、文化建设、社会建设各方面和全过程,着力推进绿色发展，把资源消耗、环境损害、生态效益纳入经济社会发展评价体系开展森林资源核算，生动地诠释森林产品和服务对国家和地区经济发展的贡献，科学量化森林资源资产的经济、生态、社会和文化价值，有效调动全社会造林、营林、护林的积极性，引导人类合理开发利用森林资源，积极参与保护生态环境，共同建设资源节约型和环境友好型社会。除提供林木产品功能和森林康养功能外，各分区的森林生态产品价值量分布如图4-13所示。

图4-13　通辽市森林生态产品价值量空间分布

通辽市各分区森林生态产品价值量的分布呈现明显的规律性。森林生态产品价值量最高的为扎鲁特旗，占区域森林生态产品价值量的45.00%以上；最低的是霍林郭勒市，占区域森林生态产品价值量的0.10%左右（图4-13）。

## 一、保育土壤功能

土壤是地表的覆盖物，充当着大气圈和岩石圈的交界面，是地球的最外层。土壤具有生物活性，并且是由有机和无机化合物、生物、空气和水形成的复杂混合物，是陆地生态系统中生命的基础（UK National Ecosystem Assessment，2011）；土壤养分增加可能会影响土壤碳储量，对土壤化学过程的影响较为复杂（UK National Ecosystem Assessment，2011）。

保育土壤功能价值量最高的是扎鲁特旗，占区域保育土壤总价值量的40.62%；最低的是霍林郭勒市，仅占区域保育土壤总价值量的0.30%（图4-14）。森林生态系统的固土作用极大地保障了生态安全以及延长了水库的使用寿命，为本区域社会经济发展提供了重要保障。

**图 4-14　通辽市各旗（县、市、区）森林生态系统保育土壤功能价值量占比**

## 二、林木养分固持功能

氮循环最显著的趋势是土地管理中氮肥的使用和自然生态系统大气中的氮沉降的增多，陆地生境中的氮含量越来越多（UK NEA，2011）。林木养分固持功能价值量最高的扎鲁特旗，占全区域林木养分固持总价值量的43.65%；最低的为霍林郭勒市，仅占全区域林木养分固持总价值量的0.35%（图4-15）。天然陆地生境的养分循环依赖于不同季节的植物和土壤微生物氮的分配（Bardgett et al.，2005），并且在许多生境，植物养分的获得很大程度上是由陆地上的根瘤菌决定的（Smith and Read，2008b）。林木养分固持功能在土壤贫瘠地区发挥的功效对于经济社会发展有重要意义。

图 4-15  通辽市各旗（县、市、区）森林生态系统林木养分固持功能价值量占比

### 三、涵养水源功能的绿色"水库"功能

我国水资源供给结构性矛盾突出，部分地区水资源过度开发，经济社会用水大量挤占河湖生态水量，水生态空间被侵占，流域区域生态保护和修复用水保障、水质改善等面临严峻挑战（自然资源部，2020）。如果在一个农场的划定区域内种植了树木，用于维护和恢复环境功能，农场的水蚀将大大降低，而其水质将会得到提升（SEEA，2012）。涵养水源功能价值量最高的是扎鲁特旗，占区域涵养水源总价值量的 45.49%；最低的是霍林郭勒市，仅占区域涵养水源总价值量的 0.33%（图 4-16）。

图 4-16  通辽市各旗（县、市、区）森林生态系统绿色"水库"功能价值量占比

一般而言，建设水利设施用以拦截水流、增加贮备是人们采用最多的工程方法，但是建设水利等基础设施存在许多缺点，例如：占用大量的土地，改变了其土地利用方式；水利等基础设施存在使用年限等。森林能够涵养水源，是一座天然的绿色"水库"，森林的绿色"水库"功能主要是指森林具有的蓄水、调节径流、缓洪补枯和净化水质等功能。只要森林生态系统不遭到破坏，其涵养水源功能是持续增长的，极大地保障了区域的用水安全。丰富的水资源可以支持森林的生长，反过来，茂密的森林又可以促进涵养更多的水源，全市森林生态系统绿色"水库"功能在改善水资源时空分布不均匀的问题上具有至关重要的作用。

### 四、固碳释氧功能的绿色"碳库"功能

林地最重要的调节服务之一是其有能力固碳（UK NEA，2011）。通过负反馈作用，生物圈能够将化石燃料燃烧产生的碳储存在生物圈中，起到临时的碳汇作用。森林是陆地生态系统最大的碳储库，在全球碳循环过程中起着重要作用。就森林对储存碳的贡献而言，森林面积占全球陆地面积的27.6%，森林植被的碳贮量约占全球植被的77%，森林土壤的碳贮量约占全球土壤的39%（李顺龙，2005）。森林固碳机制是通过森林自身的光合作用过程吸收二氧化碳，并蓄积在树干、根部及枝叶等部分，从而抑制大气中二氧化碳浓度的上升，有效地起到了绿色减排的作用，提高森林碳汇功能是降低碳总量非常有效的途径。固碳释氧功能价值量最高的是扎鲁特旗和奈曼旗，二者占区域固碳释氧总价值量的62.50%；最低的旗（县、市、区）是霍林郭勒市，仅占区域固碳释氧总价值量的0.32%（图4-17）。

图 4-17 通辽市各旗（县、市、区）森林生态系统绿色"碳库"功能价值量占比

森林生态系统作为陆地上最大的绿色"碳库",已经成为促进经济社会绿色增长的有效载体,加快发展森林建设,一方面可以增加碳汇,抵消中和经济社会发展的碳排放量,扩大资源环境容量,提升经济发展空间;另一方面可以壮大以森林资源为依托的绿色产业,改变传统的产业结构和发展模式,促进经济发展转型升级和绿色增长,发展循环经济和低碳技术,使经济社会发展与自然相协调(国家林业局,2015)。

### 五、净化大气环境功能的净化环境"氧库"功能

研究表明,树木每年吸收的净污染可以使死于空气污染的人数减少 5 ～ 7 人,使因空气污染而住院的人数减少 4 ～ 6 人。根据生命和住院费用的贴现值计算,英国每年可从中获益 90 万英镑(Powe and Willis,2004)。这一效益与其他一些非市场效益相比金额不是很大,但是在城市地区,小林地的相对效益会比较高。净化大气环境功能价值量最高的是扎鲁特旗,占区域净化大气环境总价值量的 56.48%;最低的旗(县、市、区)是霍林郭勒市和开鲁县,分别仅占区域净化大气环境总价值量的 0.37% 和 0.71%(图 4-18)。

**图 4-18  通辽市省各旗**(县、市、区)**森林生态系统净化环境"氧库"功能价值量占比**

森林生态系统净化环境"氧库"功能,即为林木通过自身的生长过程,从空气中吸收污染气体,在体内经过一系列的转化过程,将吸收的污染气体降解后排出体外或者储存在体内;并且林木通过林冠层的作用,加速颗粒物的沉降或者吸附滞纳在叶片表面,进而起到净化大气环境的作用,极大地降低了空气污染物对于人体的危害。此外,森林可以提供大量的负离子供人类享用,让人类可以在紧张的工作生活后前往森林放松。

## 六、森林防护功能

三北防护林工程是通辽市生态建设重要支撑，通辽市是三北防护林四期工程地级示范市。自三北防护林工程启动实施以来，特别是党的十八大以来，全市上下坚持以习近平生态文明思想为指引，认真贯彻落实习近平总书记对三北工程建设作出的重要指示精神，严格遵循自然科学规律，坚持因地制宜、适地适树，乔灌草、造封飞相结合的原则，采取人工治理、自然修复等综合措施，持续推进工程建设。森林防护功能价值量最高的是扎鲁特旗、科尔沁左翼后旗和科尔沁左翼中旗，占区域森林防护总价值量的 83.81%；最低的旗（县、市、区）是霍林郭勒市，仅占区域森林防护功能总价值量的 0.35%（图 4-19）。

图 4-19 通辽市各旗（县、市、区）森林生态系统森林防护功能价值量占比

## 七、生物多样性功能的生物多样性"基因库"功能

生物多样性是生态环境的重要组成部分，是人类共同的财产，在人类的生存、经济社会的可持续发展和维持陆地生态平衡中占有重要的地位。20 世纪 90 年代森林对野生生物保护和生物多样性的价值得到越来越多的认可，森林为许多物种提供赖以生存的栖息地，如猛禽、鸣禽、植物、真菌和无脊椎动物等（UK NEA，2011）。

生物多样性保护功能价值量最高的是扎鲁特旗、奈曼旗和科尔沁左翼后旗，占区域生物多样性功能总价值量的 76.77%；最低的旗（县、市、区）是霍林郭勒市，仅占区域生物多样性功能总价值量的 0.35%（图 4-20）。野生经济植物有着蕴藏量大、分布广泛、纯天然、无污染的特点，具有巨大的开发利用价值。森林生态系统是巨大的生物多样性"基因库"，加强生物多样性的保护工作可以维护生态系统的稳定，保障区域生态安全。

图 4-20　通辽市各旗（县、市、区）森林生态系统生物多样性"基因库"功能价值量占比

# 第五章
# 通辽市湿地生态产品绿色核算

　　湿地是分布于陆地生态系统和水域生态系统之间，具有独特水文、土壤与生物特征，兼具水陆生态作用过程的生态系统，是地球生命支持系统的重要组成单元之一。湿地所提供的粮食、鱼类、木材、纤维、燃料、水、药材等产品，以及净化水源、改善水质、减少洪水和暴风雨破坏、提供重要的鱼类和野生动物栖息地、维持整个地球生命支持系统的稳定等服务功能，是人类社会发展的基本保证。近年来，随着工农业的迅猛发展和城市化进程的不断加快，湿地利用与保护之间的矛盾日益突出。出于对湿地资源的有效保护和可持续利用的忧虑，如何科学地评价湿地生态系统服务功能及其价值已成为湿地生态学与生态经济学急需研究的问题之一。对湿地生态系统进行服务功能评估，有利于为通辽市湿地资源保护与开发决策的制定，提供生态经济理论支持。

## 第一节　湿地生态系统服务功能物质量

　　通辽市湿地生态系统服务各项功能物质量见表 5-1。

表 5-1　通辽市湿地生态系统服务功能物质量

| 服务类别 | 功能类别 | 指标分项 | 物质量 |
|---|---|---|---|
| 支持服务 | 保育土壤 | 减少泥沙淤积（万吨/年） | 118.10 |
| | | 减少氮流失（万吨/年） | 0.05 |
| | | 减少磷流失（万吨/年） | 0.12 |
| | | 减少钾流失（万吨/年） | 0.99 |
| | | 减少有机质流失（万吨/年） | 1.32 |

（续）

| 服务类别 | 功能类别 | 指标分项 | 物质量 |
|---|---|---|---|
| 支持服务 | 水生植物养分固持 | 氮固持（吨/年） | 2039.02 |
| | | 磷固持（吨/年） | 13.89 |
| | | 钾固持（吨/年） | 13668.00 |
| 调节服务 | 涵养水源 | 调节水量（亿立方米/年） | 2.20 |
| | 固碳释氧 | 固碳（万吨/年） | 3.77 |
| | | 释氧（万吨/年） | 10.20 |
| | 降解水体污染物 | 降解COD量（万吨/年） | 33.35 |
| | | 降解氨氮量（万吨/年） | 1.14 |
| | | 降解总磷量（万吨/年） | 1.34 |
| 供给服务 | 提供产品 | 水生植物（万千克/年） | 77.75 |
| | | 水生动物（万千克/年） | 15.77 |
| | 湿地水源供给 | 水源供给（亿立方米/年） | 0.72 |

## 一、涵养水源功能

湿地生态系统在全球的水循环中的作用不容忽视，具有巨大的水文调节和水文循环功能，对维护全球生态系统动态平衡具有重要的意义，尤其在蓄水防旱、调蓄洪水方面发挥着重要的绿色"水库"功能。通辽市各分区湿地生态系统涵养水源功能物质量为2.20亿立方米/年，如图 5-1 所示，扎鲁特旗、科尔沁左翼后旗、科尔沁左翼中旗涵养水源物质量最高，合计占总区域的 77.73% 以上。

图 5-1　通辽市湿地生态系统调节水量

## 二、固碳释氧功能

由于全球变化引起的一系列问题越来越受到国际社会的关注，而湿地生态系统在缓解气候变化方面发挥着重要的绿色"碳库"功能。湿地生态系统自身丰富的植物资源在生长、代谢、死亡过程中，年复一年地积累着大量的有机碳资源，生长期释放大量氧气。通辽市各分区湿地生态系统固碳释氧功能物质量分别为 3.77 万吨 / 年和 10.20 万吨 / 年，如图 5-2、图 5-3 所示，扎鲁特旗固碳和释氧物质量最高，占比均在 33.00% 以上，其次是科尔沁左翼后旗、科尔沁左翼中旗，固碳量和释氧量占比均在 20.00% 以上。

图 5-2　通辽市湿地生态系统固碳物质量

图 5-3　通辽市湿地生态系统释氧物质量

### 三、降解水体污染物功能

湿地生态系统本身特有的物理化学性质使其具有强大的净化功能，尤其对于有机污染物、氮、磷、重金属等的吸收、转化等具有较高的效率。此外，湿地还具有调节区域小气候的功能，使局部的空气温度和湿度更适合人类生存。通辽市各分区降解污染物的物质量为35.83万吨/年，如图5-4所示，最高为扎鲁特旗，占比达到38.51%，其次为科尔沁左翼后旗、科尔沁左翼中旗，二者降解污染物之和占总量的38.67%。

**图5-4　通辽市湿地生态系统降解污染物物质量**

## 第二节　湿地生态系统服务功能价值量

通辽市湿地生态系统服务功能总价值量为39.99亿元/年（表5-2），其中，涵养水源价值量最大，其次为降解污染功能，提供栖息地位居其后，上述功能占总价值量的81.83%（图5-5）。

**表5-2　通辽市湿地生态产品价值量**

亿元/年

| 旗（县、市、区） | 支持服务 | | 调节服务 | | | 供给服务 | | 提供栖息地 | 总计 |
|---|---|---|---|---|---|---|---|---|---|
| | 保育土壤 | 养分固持 | 涵养水源 | 固碳释氧 | 降解水体污染 | 水源供给 | 提供产品 | | |
| 科尔沁区 | 0.16 | 0.04 | 0.58 | 0.05 | 0.50 | 0.03 | 0.02 | 8.62 | 39.99 |
| 霍林郭勒市 | 0.06 | 0.01 | 0.21 | 0.02 | 0.18 | 0.01 | 0.01 | | |
| 科尔沁左翼中旗 | 0.81 | 0.21 | 3.00 | 0.44 | 2.58 | 0.16 | 0.10 | | |
| 科尔沁左翼后旗 | 0.55 | 0.14 | 2.06 | 0.31 | 1.77 | 0.12 | 0.06 | | |

（续）

| 旗（县、市、区） | 支持服务 | | 调节服务 | | | 供给服务 | | | 总计 |
|---|---|---|---|---|---|---|---|---|---|
| | 保育土壤 | 养分固持 | 涵养水源 | 固碳释氧 | 降解水体污染 | 水源供给 | 提供产品 | 提供栖息地 | |
| 开鲁县 | 0.15 | 0.04 | 0.55 | 0.05 | 0.47 | 0.03 | 0.02 | | |
| 库伦旗 | 0.22 | 0.06 | 0.83 | 0.07 | 0.71 | 0.04 | 0.03 | | |
| 奈曼旗 | 0.22 | 0.06 | 0.83 | 0.07 | 0.71 | 0.04 | 0.03 | 8.62 | 39.99 |
| 扎鲁特旗 | 1.34 | 0.35 | 5.02 | 0.49 | 4.32 | 0.27 | 0.16 | | |
| 合计 | 3.51 | 0.91 | 13.08 | 1.50 | 11.24 | 0.70 | 0.43 | | |

图 5-5　通辽市湿地生态系统各项产品功能价值量占比

通辽市各区域湿地生态系统绿色"水库"功能价值量空间分布如图 5-6 所示，整体呈现出北部区域较高、南部区域较低的特征。

## 一、涵养水源功能的绿色"水库"作用

湿地生态系统在全球的水循环中的作用不可忽视，具有巨大的水文调节和水文循环功能，对维护全球生态系统动态平衡具有重要的意义，尤其是在蓄水防旱、调节洪水方面发挥着重要的绿色"水库"功能。通辽市湿地生态系统涵养水源价值量为 13.08 亿元／年，如图 5-7 所示，其中较高的为扎鲁特旗、科尔沁左翼后旗、科尔沁左翼中旗，三地涵养水源的价值量总和为 10.10 亿元／年，占比在 77.15% 以上。

图 5-6　通辽市湿地生态产品价值量空间分布

## 二、固碳释氧功能的绿色"碳库"作用

通辽市各区域湿地生态系统绿色"碳库"功能价值量为 1.50 亿元 / 年,如图 5-8 所示。其中,扎鲁特旗价值量最高,其次是科尔沁左翼后旗、科尔沁左翼中旗,以上地区合计占全区域的 82.78%。由于湿地生态系统碳积累量较大,当湿地被破坏时会对全球的气候变化产生重大影响,因此湿地保护工作不容懈怠。

## 三、降解污染功能的净化环境"氧库"作用

通辽市各区域湿地生态系统绿色"氧库"功能价值量为 11.24 亿元 / 年,如图 5-9 所示。其中,扎鲁特旗价值量最高,其次是科尔沁左翼后旗、科尔沁左翼中旗,以上区域合计占全

图 5-7　通辽市湿地生态系统绿色"水库"价值量占比

图 5-8　通辽市湿地生态系统绿色"碳库"价值量占比

区域的 77.22%。在当前日益严重的环境污染状况下，较大面积的湿地对空气净化起到重要的作用。

### 四、生物多样性保护功能的生物多样性"基因库"作用

湿地生态系统对于维护生物栖息地及维护生物多样性具有极其重要的作用。湿地是陆地与水域之间的过渡区域，是水陆系统的过渡地带，因此湿地的动植物性质、结构兼有两种

系统的部分特征，具有高度的生物多样性特点。其大面积的沼泽、滩涂、河流和湖泊，为野生动植物的生存提供了良好的栖息地生态环境，同时也提供了丰富的遗传物质，是一个重要的生物多样性"基因库"。通辽市各区域湿地生态系统绿色"基因库"功能价值量为 8.62 亿元 / 年。广阔的湿地不仅可以饲养大量的家畜，而且繁育着大量的野生动物，为许多昆虫提供了庇护所，对于维持生态平衡，保障生态安全有重要意义。

图 5-9　通辽市湿地生态系统净化环境"氧库"价值量占比

# 第六章
# 通辽市草地生态产品绿色核算

草地被称为地球的皮肤，是陆地上面积最大的生态保护屏障，其特有的防风固沙、涵养水源、保持水土、净化空气以及维护生物多样性等综合功能，在保护生态安全方面具有不可替代的作用。同时，草地也是地球上最脆弱的生态资源，广范分布在其他植被类型难以延伸的干旱、高寒等自然环境最为严酷的广阔地域，一旦遭到破坏，恢复的难度将远远大于海洋、森林、湿地等生态系统，甚至无法还原。对草地生态系统进行服务功能评估有助于帮助政府制定生态补偿政策，促进资源的合理利用与可持续发展。

## 第一节　草地生态系统服务功能物质量

通辽市草地生态系统服务功能总物质量见表 6-1。

表 6-1　通辽市草地生态系统服务功能物质量

| 服务类别 | 功能类别 | 指标分项 | 物质量 |
|---|---|---|---|
| 支持服务 | 保育土壤 | 减少土壤风力侵蚀（万吨/年） | 5273.99 |
| | | 减少氮流失（万吨/年） | 6.44 |
| | | 减少磷流失（万吨/年） | 2.56 |
| | | 减少钾流失（万吨/年） | 62.43 |
| | | 减少有机质流失（万吨/年） | 128.21 |
| | 草本养分固持 | 氮固持（万吨/年） | 3.04 |
| | | 磷固持（万吨/年） | 0.53 |
| | | 钾固持（万吨/年） | 3.52 |

（续）

| 服务类别 | 功能类别 | 指标分项 | | 物质量 |
|---|---|---|---|---|
| 调节服务 | 涵养水源 | 调节水量（亿立方米/年） | | 13.71 |
| | 固碳释氧 | 固碳（万吨/年） | | 149.95 |
| | | 释氧（万吨/年） | | 213.47 |
| | 净化大气环境 | 吸收气体污染物 | 吸收二氧化硫（万吨/年） | 12.20 |
| | | | 吸收氟化物（万吨/年） | 0.22 |
| | | | 吸收氮氧化物（万吨/年） | 0.39 |
| | | 滞尘 | 滞纳TSP（万吨/年） | 1.08 |
| | | | 滞纳$PM_{10}$（万千克/年） | 6.46 |
| | | | 滞纳$PM_{2.5}$（万千克/年） | 1.85 |
| 供给服务 | 提供产品 | 草畜产品（万吨） | | 232.36 |

## 一、涵养水源功能

草地生态系统凭借其地面覆盖、土壤疏松多孔和由细根组成的庞大根系，在降水时不易形成地表径流，显著地增加壤中流，能够起到良好的截留降水和净化水质的作用，并可以补充地下水和调节河川流量，而且比空旷裸地具有更高的渗透性和保水能力，对涵养土地中的水分有着重要的意义。通辽市各分区草地生态系统涵养水源功能物质量为13.71亿立方米/年，如图6-1所示。其中，扎鲁特旗、科尔沁左翼后旗、科尔沁左翼中旗涵养水源物质量最高，合计占总区域的80.00%以上。

图6-1　通辽市草地生态系统调节水量

## 二、固碳释氧功能

草地生态系统通过光合作用过程与大气中的物质进行交换，主要固定并减少大气中的二氧化碳，同时产生并增加大气中的氧气，对维持地球大气中的二氧化碳和氧气的动态平衡、减少温室效应以及提供人类生存的基本条件有着不可替代的作用。通辽市各分区草地生态系统固碳释氧功能物质量分别为149.95万吨/年和213.47万吨/年(图6-2、图6-3)。其中，扎鲁特旗固碳和释氧物质量最高，固碳量占比在49.37%，释氧量占比达到46.42%；其次是科尔沁左翼后旗、科尔沁左翼中旗，固碳量均在20.00万吨/年以上，释氧量在30.00万吨/年以上，二者固碳量和释氧量合计分别占全区域的34.58%和34.40%。

图6-2　通辽市草地生态系统固碳物质量

图6-3　通辽市草地生态系统释氧物质量

### 三、净化大气环境功能

草地生态系统吸收二氧化硫、氟化物、氮氧化物等大气污染物，同时滞纳空气颗粒物，发挥着净化大气环境功能。通辽市各分区吸收气体污染物的物质量为12.81万吨/年(图6-4)，最高的为扎鲁特旗，占比达到51.32%；其次为科尔沁左翼后旗、科尔沁左翼中旗，二者吸收气体污染物之和占总量的34.70%。

**图6-4　通辽市草地生态系统吸收污染物物质量**

草地对空气颗粒物有吸附滞纳、过滤的功能，通辽市滞纳TSP物质量为1076.32（万吨/年），如图6-5所示，最高的旗（县、市、区）为扎鲁特旗，其次为科尔沁左翼后旗、科尔沁左翼中旗、库伦旗，上述区域滞纳TSP之和占总量的87.68%。其中，扎鲁特旗滞纳$PM_{10}$和$PM_{2.5}$物质量最高，占比均在45.00%以上，其次为科尔沁左翼后旗、科尔沁左翼中旗，占比均在14.00%以上。

**图6-5　通辽市草地生态系统滞纳TSP量**

## 第二节　草地生态系统服务功能价值量

通辽市草地生态系统服务功能总价值量为 339.42 亿元 / 年（表 6-2），其中，涵养水源价值量最大，其次为保育土壤功能和净化大气环境，提供产品和固碳释氧价值量位居其后，上述功能占总价值量的 93.98%（图 6-6）。

表 6-2　通辽市草地生态产品价值量

亿元 / 年

| 旗（县、市、区） | 支持服务 | | 调节服务 | | | 供给服务 | | 总计 |
|---|---|---|---|---|---|---|---|---|
| | 保育土壤 | 草本养分固持 | 涵养水源 | 固碳释氧 | 净化大气环境 | 提供产品 | 生境提供 | |
| 科尔沁区 | 0.89 | 0.05 | 1.53 | 0.41 | 0.85 | 0.17 | 0.16 | 4.06 |
| 霍林郭勒市 | 1.35 | 0.17 | 2.31 | 0.62 | 1.34 | 0.71 | 0.25 | 6.75 |
| 科尔沁左翼中旗 | 10.11 | 1.16 | 17.37 | 4.66 | 9.96 | 4.77 | 1.84 | 49.87 |
| 科尔沁左翼后旗 | 13.59 | 1.56 | 23.34 | 6.26 | 13.38 | 6.42 | 2.48 | 67.03 |
| 开鲁县 | 2.81 | 0.24 | 4.82 | 1.29 | 2.71 | 0.97 | 0.51 | 13.35 |
| 库伦旗 | 4.73 | 0.44 | 8.11 | 2.17 | 4.61 | 1.78 | 0.86 | 22.70 |
| 奈曼旗 | 3.44 | 0.21 | 5.91 | 1.57 | 3.32 | 0.87 | 0.63 | 15.95 |
| 扎鲁特旗 | 31.98 | 4.03 | 54.92 | 14.76 | 31.64 | 16.55 | 5.83 | 159.71 |
| 合计 | 68.90 | 7.86 | 118.31 | 31.74 | 67.81 | 32.24 | 12.56 | 339.42 |

图 6-6　通辽市草地生态系统各项生态产品价值量占比

通辽市各区域草地生态系统生态产品价值量空间分布如图 6-7 所示，整体呈现出东北部区域较高、西南部区域较低的特征。

图6-7  通辽市草地生态产品价值量空间分布

## 一、涵养水源功能的绿色"水库"作用

草地生态系统不仅具有较高的渗水性，而且还能截留降水、保水，尤其是对于干旱地区的水循环与水资源的合理利用发挥着重要的绿色"水库"功能。通辽市草地生态系统涵养水源价值量为118.31亿元/年，最高的为扎鲁特旗、科尔沁左翼后旗、科尔沁左翼中旗，三地涵养水源的价值量总和为95.63亿元，占比在80.00%以上（图6-8）。

## 二、固碳释氧功能的绿色"碳库"作用

草地植物通过光合作用吸收二氧化碳，呼吸作用释放氧气，草地生态系统吸收大量的碳作为土壤有机质并储存在土壤中，对保持大气平衡、维持人类正常生活起着基本的"绿色

碳库"功能。通辽市各区域草地生态系统绿色"碳库"功能价值量为31.74亿元/年,分布如图6-9所示,其中,扎鲁特旗价值量最高,其次是科尔沁左翼后旗、科尔沁左翼中旗,以上旗(县、市、区)合计占全区域的80.91%。由于草地生态系统碳积累量较大,当草地被破坏时会对全球的气候变化产生重大影响,因此草地保护工作不容懈怠。

图 6-8　通辽市草地生态系统绿色"水库"功能价值量占比

图 6-9　通辽市草地生态系统绿色"碳库"功能价值量占比

### 三、净化大气环境功能的净化环境"氧库"作用

草地中有很多植物对空气中的一些有害气体具有吸收转化能力,同时还具有吸附尘埃净化空气的作用,它们能吸附大气中的尘埃和一些有害气体,并能将其转化为蛋白质或无毒性盐类。草地生态系统在为地区提供清洁空气、保护人体健康方面发挥重要的治污减霾"氧库"功能。

通辽市各区域草地生态系统绿色"氧库"功能价值量为 67.81 亿元/年（图 6-10）。其中，扎鲁特旗价值量最高，其次是科尔沁左翼后旗、科尔沁左翼中旗，以上区域合计占全区域的 81.07%。在当前日益严重的环境污染状况下，较大面积的草地对空气净化起到重要的作用。

图 6-10　通辽市草地生态系统净化环境"氧库"功能价值量占比

## 四、生物多样性功能的生物多样性"基因库"作用

草地生态系统是生物多样性的重要载体之一，不仅为生物提供丰富的基因资源和繁衍生息的场所，而且还有效控制有害生物的数量，是一个重要的生物多样性"基因库"。通辽市各区域草地生态系统绿色"基因库"功能价值量为 12.56 亿元/年，如图 6-11 所示。其中，扎鲁特旗价值量最高，其次是科尔沁左翼后旗、科尔沁左翼中旗，以上区域合计占全区域的 80.81%。广阔的草地不仅可以饲养大量的家畜，而且繁育着大量的野生动物，为许多昆虫提供了庇护所，对于维持生态平衡、保障生态安全有重要意义。

图 6-11　通辽市草地生态系统生物多样性"基因库"功能价值量占比

# 通辽市森林全口径碳中和

2020 年 9 月，习近平总书记在第七十五届联合国大会一般性辩论上宣布，"中国将提高国家自主贡献力度，采取更加有力的政策和措施，二氧化碳排放力争于 2030 年前达到峰值。努力争取 2060 年前实现碳中和"。2021 年 11 月，在格拉斯哥气候大会前，我国正式将其纳入新的国家自主贡献方案并提交联合国。碳中和是指通过采取除碳等措施，使碳清除量与排放量达到平衡，即中和状态；碳达峰与碳中和一起，简称"双碳"。实现"双碳"目标是党中央经过深思熟虑作出的重大战略决策，事关中华民族永续发展和构建人类命运共同体。

> 碳达峰（peak carbon dioxide emissions）：广义说，碳达峰是指某个时点，二氧化碳的排放不再增长达到峰值，之后逐步回落。根据世界资源研究所的介绍，碳达峰是一个过程，即碳排放首先进入平台期并可以在一定范围内波动，之后进入平稳下降阶段。

> 碳中和（carbon neutrality）：是指企业、团体或个人测算在一定时间内直接或间接产生的温室气体排放总量，通过植树造林、节能减排等形式，抵消自身产生的二氧化碳排放量实现二氧化碳"零排放"。

目前，实现"双碳"目标已纳入《中共中央关于制定国民经济和社会发展第十四个五年规划和二〇三五年远景目标的建议》。实现"碳中和"的两个决定因素是碳减排和碳增汇，虽然碳捕获利用与封存（carbon capture utility and storage，CCUS）也有所贡献，但目前而言，其实现大规模的实际应用存在很大的困难，短期内不会成为碳固存的主要方式。

> 碳捕获利用与封存（carbon capture utility and storage，CCUS）：是指通过物理、化学和生物学的方法进行二氧化碳的捕集、封存与利用。

因此，本章针对通辽市森林资源的特点，基于通辽市 2020 年森林资源年度变化监测评价数据与第三次全国国土调查对接融合后得到资源数据、中国森林生态系统定位观测研究网络（CFERN）的长期观测数据，应用森林全口径碳中和研究方法，对通辽市森林植被全口径碳中和进行精准分析。

# 第一节　森林全口径碳中和的理论和方法

## 一、森林全口径碳中和的理论

森林生态系统碳汇研究涉及多学科、多时空尺度、多数据集，传统生物量估测方法在获取高精度、大尺度植被生物量时存在局限性，不能及时反映大尺度上森林生态系统碳汇动态变化及环境状况，因此需要多种新技术手段作为支撑。在森林碳汇中通常使用样地实测法、材积源生物量法、净生态系统交换法和遥感判读法者四种方法，但碳汇测算方法不同，其数据来源和测定结果也存在一定差异，精准分析森林植被的碳汇能力对于我国践行碳中和战略尤为重要。目前，推算森林碳汇量采用的材积源生物量法存在明显的缺陷，导致我国森林碳汇能力被低估。全口径碳汇可以真实地反映林业在生态文明建设战略总体布局中的作用和地位，为地区践行碳中和提供科技支撑。

随着人类社会的发展，温室气体的大量排放引起严重的全球气候变化问题，2020 年 9 月 22 日，在第七十五届联合国大会一般性辩论上，中国向全世界宣布将提高国家自主贡献力度，采取更加有力的政策和措施，努力争取 2060 年前实现碳中和。随之而来的便是碳中和成为网络高频热词，百度搜索结果约 1 亿个！与其密切相关的森林碳汇也成为热词，搜索结果超过 1200 万个。森林作为陆地生态系统的重要组成部分，包含了陆地生物圈 45% 以上的碳，在全球碳平衡中扮演了重要角色。IPCC 报告指出，1995—2005 年全球森林吸收了 60 亿 ~ 87 亿吨碳，相当于同时期化石燃料燃烧排放二氧化碳的 12% ~ 15%（IPCC，2007）。精准评价森林生态系统的碳汇能力，对于实现"3060"目标尤为重要。森林的不断扩张（即在森林达到稳定状态之前）已被确定为增加碳储量和缓减气候变化的手段；生长速度快的物种与土地质量更好的区域不仅固碳速度快，还可以迅速生产出可利用的木材（UK National Ecosystem Assessment，2011）。2020 年，国际知名学术期刊《自然》发表的多国科学家最新研究成果显示，2010—2016 年中国陆地生态系统年均吸收约 11.1 亿吨碳，吸收了同时期人为碳排放的 45%。该数据表明，此前中国陆地生态系统碳汇能力被严重低估。2021 年，国家林业和草原局新闻发布会介绍，我国森林资源中幼龄林面积占森林面积的 60.94%。中幼龄林处于高生长阶段，伴随森林质量不断提升，其具有较高的固碳速率和较大的碳汇增长潜力，这对我国碳中和具有重要作用。

> 森林碳汇资源：为能够提供碳汇功能的森林资源，包括乔木林、竹林、特灌林、疏林、未成林造林、非特灌林灌木林、苗圃地、荒山灌丛、城区和乡村绿化散生林木等。
>
> 森林全口径碳汇＝森林资源碳汇（乔木林碳汇＋竹林碳汇＋特灌林碳汇）＋疏林地碳汇＋未成林造林地碳汇＋非特灌林灌木林碳汇＋苗圃地碳汇＋荒山灌丛碳汇＋城区和乡村绿化散生林木碳汇区和乡村绿化散生林木碳汇＋土壤碳汇。

在中国森林资源核算第三期研究结果中，中国森林全口径碳汇每年达 4.34 亿吨碳当量，即乔木林植被层碳汇 2.81 亿吨／年、森林土壤碳汇 0.51 亿吨／年、其他森林植被（非乔木林）1.02 亿吨／年。根据我国历次森林资源清查数据，核算近 40 年来我国森林全口径碳汇能力的变化情况表明，我国森林碳汇已经从第二次森林资源清查期间的 1.75 亿吨／年提升到第九次森林资源清查期间的 4.34 亿吨／年，森林碳汇增长了 2.59 亿吨／年，增长幅度为 148.00%。森林全口径碳汇能更全面地评估我国的森林碳汇资源，避免我国森林生态系统碳汇能力被低估，同时还能彰显出我国林业在碳中和中的重要地位。

2021 年 1 月，在中国森林资源核算研究项目专家咨询论证会上，中国科学院院士蒋有绪、中国工程院院士尹伟伦肯定了森林全口径碳中和这一理念，对森林生态服务价值核算的理论方法和技术体系给予高度评价。尹伟伦表示，生态价值评估方法和理论，推动了生态文明时代森林资源管理多功能利用的基础理论工作和评价指标体系的发展。蒋有绪表示，固碳功能的评估很好地证明了中国森林生态系统在碳减排方面的重要作用，希望中国森林生态系统在碳中和任务中担当重要角色。

在了解陆地生态系统特别是森林对实现碳中和的作用之前，需要明确两个概念，即森林碳汇与林业碳汇。我国森林生态系统碳汇能力之所以被低估，主要原因是碳汇方法学存在缺陷，即推算森林碳汇量采用的材积源生物量法是通过森林蓄积量增量进行计算的，而一些森林碳汇资源并未被统计其中（王兵，2021）。森林全口径主要体现在以下四个方面：①乔木林碳中和；②特灌林和竹林的碳中和；③疏林地、未成林造林地、非特灌林灌木林、苗圃地、荒山灌丛、城区和乡村绿化散生林木碳中和；④森林土壤碳中和。

> 森林碳汇（forest carbonsink）：是指森林植被通过光合作用固定二氧化碳，将大气中的二氧化碳捕获、封存、固定在木质生物量中，从而减少空气中二氧化碳浓度。
>
> 林业碳汇：通过造林、再造林或者提升森林经营技术增加的森林碳汇，可以进行交易。目前，推算森林碳汇量采用的材积源生物量法存在明显缺陷，导致我国森林碳汇能力被低估。

### （一）乔木林碳中和

森林作为陆地生态系统主体，是最大的利用太阳能的载体，也是一个天然大碳库。森林具有多重价值，储碳是森林生态系统服务价值的重要内容，树木通过光合作用吸收了大气中的二氧化碳，并以多种形式固定下来。根据联合国粮食及农业组织发布的 2020 年《全球森林资源评估报告》，全世界现有森林总面积 40.6 亿公顷，覆盖了全球近 1/3 的土地，人均森林面积约 0.52 公顷。森林植被区的碳储量约占陆地碳库总量的 56%，全球森林碳储量达 6620 亿吨，主要储存在森林生物质、森林土壤以及凋落物和枯死木中。

基于第九次全国森林资源清查数据，核算出我国森林全口径碳中和量为乔木林植被层碳汇 2.81 亿吨，占我国森林全口径碳汇总量的 64.75%。如果按照全国乔木林碳汇 2.81 亿吨碳当量折合 10.30 亿吨二氧化碳量计算，相当于中和了 2018 年全国二氧化碳排放量（100 亿吨）的 10.30%。乔木林可以起到显著的固碳作用，对于生态文明建设整体布局具有重大的推进作用。其强大的碳汇功能和作用，成为实现"双碳"目标的重要路径，也是目前最为经济、安全、有效的固碳增汇手段之一。"双碳"战略目标下，森林是"碳库"强调的不仅是传统林业上森林的碳汇功能，更在于在应对全球气候变化中，森林的固碳减排效应可以为我国争取更多的话语权，为我国经济社会转型发展争取更多的发展时间和空间。

森林碳汇主要基于自然的过程，这相比工业碳捕捉减排，具有成本低、易施行、兼具其他生态效益等显著特点。森林吸收固定的碳大部分储存在林木生物质中，具有储存时间长、年均累积速率大等明显优势。而且，林木收获后的林木产品也可以长时间储存碳，这相对于农田、草地、荒漠和湿地生态系统具有不可比拟的优势。

### （二）特灌林和竹林碳中和

森林蓄积量没有统计到特灌林和竹林，只体现了乔木林的蓄积量，而仅通过乔木林的蓄积量增量来推算森林碳汇量，忽略了特灌林和竹林的碳汇功能。历次全国森林资源清查期间我国有林地及其分量（乔木林、经济林和竹林）面积的统计数据见表 7-1。我国有林地面积近 40 年增长了 10292.31 万公顷，增长幅度为 89.28%。有林地面积的增长主要来源于造林。历次全国森林资源清查期间的全国造林面积均保持在 2000 万公顷 /5 年之上。Chen 等（2019）的研究也证明了造林是我国增绿量居于世界前列的最主要原因。近 40 年来，我国竹林面积处于持续的增长趋势，增长量为 309.81 万公顷，增长幅度为 93.49%；灌木林地（特灌林＋非特灌林灌木林）面积亦处于不断增长的过程中，近 40 年其面积增长了 5 倍。竹林是森林资源中固碳能力最强的植物，在固碳机制上，属于碳四（$C_4$）植物，而乔木林属于碳三（$C_3$）植物。虽然没有灌木林蓄积量的统计数据，但我国特灌林面积广袤，也具有显著的碳中和能力。

表 7-1　历次全国森林资源清查期间全国有林地面积

万公顷

| 清查期 | 年份 | 有林地 | | | |
|---|---|---|---|---|---|
| | | 合计 | 乔木林 | 经济林 | 竹林 |
| 第二次 | 1977—1981年 | 11527.74 | 10068.35 | 1128.04 | 331.35 |
| 第三次 | 1984—1988年 | 12465.28 | 10724.88 | 1374.38 | 366.02 |
| 第四次 | 1989—1993年 | 13370.35 | 11370 | 1609.88 | 390.47 |
| 第五次 | 1994—1998年 | 15894.09 | 13435.57 | 2022.21 | 436.31 |
| 第六次 | 1999—2003年 | 16901.93 | 14278.67 | 2139 | 484.26 |
| 第七次 | 2004—2008年 | 18138.09 | 15558.99 | 2041 | 538.10 |
| 第八次 | 2009—2013年 | 19117.5 | 16460.35 | 2056.52 | 600.63 |
| 第九次 | 2014—2018年 | 21820.05 | 17988.85 | 3190.04 | 641.16 |

　　第九次全国森林资源清查结果显示，我国竹林面积 641.16 万公顷、特灌林面积 3192.04 万公顷。竹林是世界公认的生长最快的植物之一，具有爆发式可再生特性，蕴含着巨大的碳汇潜力，是林业应对气候变化不可或缺的重要战略资源（张红燕等，2020）。研究表明，毛竹年固碳量为 5.09 吨 / 公顷，是杉木林的 1.46 倍，是热带雨林的 1.33 倍，同时每年还有大量的竹林碳转移到竹材产品碳库中长期保存（武金翠等，2020）。

　　（三）疏林地、未成林造林地、非特灌林灌木林、苗圃地、荒山灌丛、城区和乡村绿化散生林木碳中和

　　疏林地、未成林造林地、非特灌林灌木林、苗圃地、荒山灌丛、城区和乡村绿化散生林木也没在森林蓄积量的统计范围之内，它们的碳汇能力也被忽略了。我国近 40 年来疏林地、未成林造林地和苗圃地面积的变化趋势如图 7-1 所示。

　　第九次全国森林资源清查结果显示，我国疏林地面积为 342.18 万公顷、未成林造林地面积为 699.14 万公顷、非特灌林灌木林面积为 1869.66 万公顷、苗圃地面积为 71.98 万公顷、城区和乡村绿化散生林木株数为 109.19 亿株（因散生林木具有较高的固碳速率，可以相当于 2000 万公顷森林资源的碳中和能力）。疏林地是指附着有乔木树种，郁闭度在 0.1 ~ 0.19 的林地，可以有效增加森林资源、扩大森林面积、改善生态环境的林地。其郁闭度过低的特点，恰恰说明其活立木种间和种内竞争比较微弱，而其生长速度较快的事实，又体现了其较强的碳汇能力。未成林造林地是指人工造林后，苗木分布均匀，尚未郁闭但有成林希望或补植后有成林希望的林地，是提升森林覆盖率的重要潜力资源之一，其处于造林的初始阶段，

图 7-1　近 40 年我国疏林地、未成林造林地、苗圃地面积变化

也是林木生长的高峰期，碳汇能力较强。苗圃地是繁殖和培育苗木的基地，由于其种植密度较大，碳密度必然较高。有研究表明，苗圃地碳密度明显高于未成林造林地和四旁树，其固碳能力不容忽视。城区和乡村化散生林木几乎不存在生长限制因子，生长速度更接近于生产力的极限，也意味着其固碳能力十分强大。

### （四）森林土壤碳中和

森林土壤碳库是全球土壤碳库的重要组成部分，也是森林生态系统中最大的碳库。森林土壤碳含量占全球土壤碳含量的 73%，森林土壤碳含量是森林生物量的 2 ~ 3 倍（周国模等，2006），它们的碳汇能力同样被忽略了。基于第九次全国森林资源清查结果核算数据，我国森林全口径碳中和量中森林土壤碳汇为 0.51 亿吨，占森林全口径总碳汇量的 11.75%。土壤中的碳最初来源于植物通过光合作用固定的二氧化碳，在形成有机质后通过根系分泌物、死根系或者枯枝落叶的形式进入土壤层，并在土壤中动物、微生物和酶的作用下，转变为土壤有机质存储在土壤中，形成土壤碳汇（王谢，2015）。有研究表明，成熟森林土壤可发挥持续的碳汇功能，土壤表层 20 厘米有机碳浓度呈上升趋势（Zhou et al.，2006）。

基于以上分析和中国森林资源核算项目一期、二期、三期研究成果，提出了森林碳汇资源和森林全口径碳汇新理念。森林全口径碳汇能更全面地评估我国的森林碳汇资源，避免我国森林生态系统碳汇能力被低估，同时还能彰显出我国林业在碳中和中的重要地位。

## 二、森林全口径碳中和的方法

目前，森林生态系统碳汇的测算研究主要有生物量换算、森林生态系统碳通量测算和遥感测算三种主要途径。其中，基于生物量换算途径的森林碳储量测算方法主要有样地实测法（Preece et al.，2015）、材积源生物量法（Fang et al.，1998；林卓，2016）；基于森林生态系统碳通量途径的测算方法是净生态系统碳交换法（陈文婧，2013）；基于遥感测算途径的测算方法是遥感判读法（Li et al.，2015）。其中，样地实测法由于直接、明确、技术简单，省去了不必要的系统误差和人为误差，可以实现森林碳汇的精确测算（Whittaker et al.，1975）。

> 样地实测法（measurement of sample plot）：是指在固定样地上用收获法连续调查森林的碳储量，通过不同时间间隔的碳储量的变化，测算森林生态系统的碳汇功能的一种碳汇测算方法。

森林生态系统的碳储量可通过生物量进行估算。由于植物通过光合作用可以吸收并贮存二氧化碳，植物每生产 1 克生物量(干物质)需吸收固定 1.63 克二氧化碳，可用生物量(干物质) 重量来推算植物从大气中固定和贮存二氧化碳量（Hazarika et al.，2005；Zeng et al.，2008）。计算公式如下：

$$M_C = 1.63 \times 12 \div 44 C_B \approx 0.445 C_B \qquad (7\text{-}1)$$

式中：$M_C$——固碳量（吨碳 / 公顷）；

$\qquad$ $C_B$——生物量（吨 / 公顷）。

森林生态系统碳库是由植被碳库和土壤碳库组成的。近年来，研究者对植被碳储量进行了大量研究（Fang et al.，2007），但土壤碳储量的研究相对薄弱。由于在树木生长过程中，树木通过光合作用吸收固定的绝大部分碳由根系和枯枝落叶转化成土壤有机质，蕴藏在土壤中。当林地的属性不发生变化时，林地土壤固碳能力通常不会发生较大的变动。因此，土壤是一个巨大的碳库，准确估算森林土壤碳汇作用变得尤为重要。土壤碳库的样地实测也是通过一段时间间隔内森林土壤碳储量的变化来测算森林生态系统的碳汇功能。

Kolari 等（2004）通过样地实测法计算了植被碳储量和土壤碳储量，获得整个森林生态系统的碳汇。2010 年，"中国森林生态系统服务功能评估"项目组利用样地实测法收集了大量长期野外观测数据，通过测算不同时期森林生态系统植被碳储量和土壤碳储量，基于分布式测算方法获得了全国森林生态系统碳储量及其空间格局、动态变化情况（张永利等，2010；"中国森林生态系统服务功能评估"项目组，2010）。2013—2015 年退耕还林生态效益监测国家报告基于森林生态连续清查体系，应用样地实测法对退耕还林重点省份、黄河和长江中下游区域、风沙区、全国前一轮退耕还林以及集中连片特困地区森林生态系统碳储量及其空间格局、动态变化情况进行研究（国家林业局，2013，2014，2015）；"中国森林资源核算研究"（2015）项目组利用样地实测法，获得了第八次全国森林资源清查后的全国森林生态系统碳储量。

为精确测量森林生态系统的碳汇功能，样地实测法需要将植被、凋落物和土壤各部分的碳储量进行实测，累加后得到整个森林生态系统的碳储量。森林生态系统固碳量分为植被固碳和土壤固碳两部分。其中，植被固碳包括地上和地下生物量的变化量，土壤固碳包括凋落物、根系等死有机物和土壤碳储量的变化量。

### （一）植被层固碳量

采用收获法测定乔木层的树干、枝叶和根系生物量，以及灌木层、草本层和层间植物生物量，计算得森林植被层净初级生产力，具体方法参照《森林生态系统长期定位观测方法》（GB/T 33027—2016）。通过得到的评估林分植被年净初级生产力（NPP）获得评估林分植被层固碳量。

### 1. 植被层生物量

根据单位面积乔木层生物量的计算公式如下：

$$W = \frac{G}{\sum\limits_{i=1}^{n} g_i} \sum\limits_{i=1}^{n} W_i \qquad (7\text{-}2)$$

式中：$W$——单位面积乔木生物量（千克）；

　　　$G$——胸高断面积（平方米）；

　　　$g_i$——标准木胸高断面积（平方米）；

　　　$W_i$——标准木生物量（千克）。

标准木生物量计算公式如下：

$$W_i = W_R + W_S + W_B + W_L \tag{7-3}$$

式中：$W_i$——标准木生物量（千克）；

　　　$W_R$——根系生物量（千克）；

　　　$W_S$——树干生物量（千克）；

　　　$W_B$——树枝生物量（千克）；

　　　$W_L$——树叶和花、果的生物量（千克）。

### 2. 植被层年净初级生产力

根据植被生物量的动态数据，可用增重积累法对植被净初级生产力（NPP）进行测算，计算公式如下：

$$NPP = \frac{W_a - W_{a-n}}{n} \tag{7-4}$$

式中：$NPP$——植被年净初级生产力 [ 千克 /（公顷·年）]；

　　　$W_a$——第 $a$ 年测定的单位面积生物量 [ 包括乔木层、灌木层、草本层、层间植物生物量和凋落物量，千克 /（公顷·年）]；

　　　$W_{a-n}$——第 $a-n$ 年测定的单位面积生物量 [ 包括乔木层、灌木层、草本层、层间植物生物量和凋落物量，千克 /（公顷·年）]；

　　　$n$——间隔年数。

### 3. 植被层固碳量

计算公式如下：

$$G_{植被固碳} = 1.63 R_{碳} \times A \times B_{年} \times F \tag{7-5}$$

式中：$G_{植被固碳}$——评估林分年固碳量（吨 / 年）；

　　　$B_{年}$——实测林分净生产力 [ 吨 /（公顷·年）]；

　　　$R_{碳}$——二氧化碳中碳的含量，为 27.27%；

　　　$A$——林分面积（公顷）；

　　　$F$——森林生态系统服务功能修正系数。

公式计算得出森林的潜在年固碳量，再从其中减去由于森林年采伐造成的生物量移出从而损失的碳量，即为森林的实际年固碳量。

### （二）土壤层固碳量

森林生态系统土壤固碳量的计算采用两次评估期间土壤有机碳储量的差值计算得到。依据土壤类型和植被类型的空间分布设置土壤采样点并通过剖面法采集土壤样品，样品带回实验室后通过 $FeSO_4$ 滴定的方法测定土壤中有机碳含量，具体采样方法和试验方法参照《森林生态系统长期定位观测方法》（GB/T 33027—2016）和《森林土壤分析方法》（LY/T 1210—1275）。

#### 1. 土壤有机碳含量

计算公式如下：

$$SOC = \frac{\frac{c \times 5}{V_0} \times (V_0 - V) \times 10^{-3} \times 3.0 \times 1.1}{m \times k} \times 1000 \tag{7-6}$$

式中：$SOC$——土壤有机碳含量（克 / 千克）

　　　$c$——0.8000 摩尔 / 升（1/6 重铬酸钾）标准溶液的浓度；

　　　5——重铬酸钾标准溶液加入的体积（毫升）；

　　　$V_0$——空白滴定消耗的硫酸亚铁体积（毫升）；

　　　$V$——样品滴定消耗的硫酸亚铁体积（毫升）；

　　　3.0——1/4 碳原子的摩尔质量（克 / 摩尔）；

　　　$10^{-3}$——将毫升换算成升；

　　　1.1——氧化校正系数；

　　　$m$——风干土样质量（克）；

　　　$k$——烘干土换算系数。

#### 2. 土壤有机碳密度

计算公式如下：

$$SOCD_k = C_k \times D_k \times E_k \times (1-G_k) / 100 \tag{7-7}$$

式中：$SOCD_k$——第 $k$ 层土壤有机碳密度（千克 / 平方米）；

　　　$k$——土壤层次；

　　　$C_k$——第 $k$ 层土壤有机碳含量（克 / 千克）；

　　　$D_k$——第 $k$ 层土壤密度（克 / 立方厘米）；

　　　$E_k$——第 $k$ 层土层厚度（厘米）；

　　　$G_k$——第 $k$ 层土层中直径大于 2 毫米石砾所占体积百分比（%）。

#### 3. 土壤有机碳储量

计算公式如下：

$$TSOC=\sum_{i=1}^{k} SOCD_i \times S_i \tag{7-8}$$

式中：$TSOC$——土壤有机碳储量（千克）；

　　　$SOCD_i$——第 $i$ 样方土壤有机碳密度（千克／平方米）；

　　　$i$——土壤碳储量计算样方。

### 4. 土壤层固碳量

计算公式如下：

$$G_{土壤固碳}=\frac{TSOC_a-TSOC_{a-n}}{n} \tag{7-9}$$

式中：$G_{土壤固碳}$——评估林分对应的土壤年固碳量（吨／年）；

　　　$TSOC_a$——第 $a$ 年评估林分土壤有机碳储量（吨）；

　　　$TSOC_{a-n}$——第 $a-n$ 年评估林分土壤有机碳储量（吨）；

　　　$n$——间隔年数。

### （三）森林全口径固碳量

分别计算森林资源碳汇（乔木林碳汇＋竹林碳汇＋特灌林碳汇）、疏林地碳汇、未成林造林地碳汇、非特灌林灌木林碳汇、苗圃地碳汇、荒山灌丛碳汇、城区和乡村绿化散生林木碳汇，最后汇总为森林植被全口径碳汇。

年固碳量计算公式如下：

$$G_{碳}=G_{植被固碳}+G_{土壤固碳} \tag{7-10}$$

式中：$G_{碳}$——评估林分生态系统年固碳量（吨／年）；

　　　$G_{植被固碳}$——评估林分年固碳量（吨／年）；

　　　$G_{土壤固碳}$——评估林分对应的土壤年固碳量（吨／年）。

公式计算得出森林的潜在年固碳量，再从其中减去由于森林年采伐造成的生物量移出从而损失的碳量，即为森林的实际年固碳量。

## 第二节　森林全口径碳中和评估

森林固碳机制是通过自身的光合作用过程吸收二氧化碳，制造有机物，积累在树干、根部和枝叶等部位，并释放出氧气，从而抑制大气中二氧化碳浓度的上升，发挥绿色碳中和作用（Liu et al., 2012）。基于"森林全口径碳汇"评估方法，通辽市森林全口径碳汇主要包括三部分，即乔木林植被层、森林资源土壤层（乔木林和特灌林）和其他森林植被层（其他灌木林、疏林地、未成林造林地、苗圃地、散生木、四旁树等）。

评估结果显示，森林全口径碳汇量为 144.48 万吨／年，将通辽市碳汇量折合成固定二氧化碳量需要乘以系数 3.67，通辽市森林生态系统固定二氧化碳量为 530.24 万吨／年（图 7-2）。据公开数据显示：2020 年通辽市工业能源消费总量为 1643.42 万吨标准煤（通辽市统计局，2021），利用碳排放转换系数 0.68（中国国家标准化管理委员会，2008）换算可知，通辽市 2020 年碳排放量（$CO_2$）为 1117.53 万吨，通辽市森林生态系统固定二氧化碳量相当于中和了通辽市碳排放量的 47.45%（通辽市统计局，2021），显著发挥了森林碳中和作用（图 7-3），通辽市是一个巨大的绿色"碳库"。森林生态系统不仅为其节能减排赢得了时间，也证明森林全口径碳汇能真实反映林业在生态文明建设战略总体布局中的作用和地位。通辽市要增强以森林生态系统为主体的森林全口径碳汇功能，加强绿色减排能力，提升林业在碳达峰与碳中和过程中的贡献，探索具有区域特色的碳中和之路。

图 7-2　通辽市全口径碳汇

图 7-3　通辽市森林全口径碳中和作用

由于通辽市森林资源分布状况不同，森林的碳中和能力也存在较大空间异质性。各分区森林碳中和能力（吸收二氧化碳量）如图 7-4 所示，最高的为扎鲁特旗，其次为奈曼旗和科尔沁左翼后旗，3 个旗碳中和量占通辽市碳中和总量的 79.43%。森林由于其强大的碳汇能力，在地区节能减排、营造美丽生活中发挥着重要作用。森林碳中和能力大小与森林资源面积及林龄紧密相关，应结合生产状况，适当对森林进行合理经营，从而有效地发挥森林固碳功能，促进区域实现"双碳"目标。

**图 7-4　通辽市森林全口径碳中和能力**

　　党中央、国务院在统筹国际国内两个大局作出碳达峰与碳中和目标的重大战略决策，充分展示了我国愿与国际社会携手应对气候变化挑战的雄心和决心。同时，应对气候变化是推动我国经济高质量发展和生态文明建设的重要抓手，也是参与全球治理和坚持多边主义的重要领域。实现碳达峰目标与碳中和愿景，除了大力推动经济结构、能源结构、产业结构转型升级的同时，还应进一步加强以完善陆地生态系统结构与功能为主线的生态系统修复和保护措施，改善生态环境质量、加大生态环境保护力度、深化环境治理体系，进而增大生态环境容量，增强以森林生态系统为主体的森林全口径碳汇功能，加强绿色减排能力，提升林业在碳达峰目标与碳中和过程中的参与度，打造具有中国特色的碳中和之路。

## 一、乔木林碳中和

　　通辽市乔木林植被层固碳量最多，占总固碳量的 63.68%，乔木林是森林生态系统发挥碳汇功能的主体，其固碳能力强弱是影响区域固碳能力的关键因素，其次为其他森林植被层，即灌木林、疏林地、未成林造林地、苗圃地、四旁树等，植物在生长过程中通过光合作用吸收二氧化碳并将其作为生物量固定在植物体中，从而降低大气中温室气体浓度，减缓气候变化。与此同时，土壤也是一个巨大的碳库，其固碳量的波动会对气候变化产生巨大影响。固定到土壤中的有机碳一部分会经过土壤微生物的分解转化以二氧化碳形式重新返回到大气；剩余的有机质则经过多年累积转化成稳定的有机碳储存到土壤。

目前，通辽市人工林面积达 100.43 万公顷，其面积为天然林的 2.23 倍，同时单位面积蓄积量以人工林较高，为 64.81 立方米 / 公顷，为天然林的 2 倍，通辽市人工林在森林碳汇方面起到了非常重要的作用。另外，通辽市森林资源中幼龄林和中龄林面积分别占总森林面积的 28.96% 和 28.88%，中幼龄林处于高生长阶段，具有较高的固碳速率和较大的碳汇增长潜力。由此可见，森林全口径碳汇将对我国碳达峰、碳中和起到重要作用。森林绿色"碳库"受到多种因素影响。科学增加森林碳库和提升森林碳汇能力，除了尽可能地扩大森林面积外，重点需要精准提升森林质量，提高人为活动管理水平，同时，还要考虑气候变化等自然环境的影响，保护好现有森林资源背后的碳储存。

## 二、灌木林碳中和

"国家特别规定的灌木林地"（简称特灌林）特指分布在年均降水量 400 毫米以下的干旱（含极干旱、干旱、半干旱）地区，或乔木分布（垂直分布）上限以上，或热带亚热带岩溶地区、干热（干旱）河谷等生态环境脆弱地带，专为防护用途，且覆盖度大于 30% 的灌木林地，以及以获取经济效益为目的进行经营的灌木经济林。森林蓄积量没有统计到特灌林，只体现了乔木林的蓄积量，而仅仅通过乔木林的蓄积量增量来推算森林碳汇量，忽略了特灌林的碳汇功能。

通辽市 2020 年森林资源年度变化监测评价数据与第三次全国国土调查对接融合后得到资源数据显示，通辽市特灌林面积为 43.58 万公顷，占总面积的比例为 30.36%。通辽市特灌林固碳量为 38.25 万吨 / 年，占森林全口径碳汇总量的 26.47%，按照通辽市特灌林固碳量折合 140.38 万吨二氧化碳量计算，相当于中和了 2020 年通辽市工业能源消费总量的 12.56%。

灌木是森林和灌丛生态系统的重要组成部分，地上枝条再生能力强，地下根系庞大，具有耐寒、耐热、耐贫瘠、易繁殖、生长快的生物学特性（曹嘉瑜等，2020）。尤其是在干旱、半干旱地区，生长灌木林的区域是重要的生态系统碳库，对减少大气中二氧化碳含量具有重要作用。虽然通辽市特灌林蓄积量没有统计数据，但其面积广袤，也具有显著的碳中和能力。

## 三、疏林地、未成林造林地、其他灌木林及苗圃地碳中和

疏林地、未成林造林地、其他灌木林及苗圃地同样没在森林蓄积量的统计范围之内，它们的碳汇能力也被忽略了。通辽市 2020 年森林资源年度变化监测评价数据显示，通辽市

疏林地面积为 1.27 万公顷、未成林造林地面积为 2.09 万公顷、其他灌木林面积为 2.92 万公顷、苗圃地面积为 0.11 万公顷。通辽市疏林地、未成林造林地、其他灌木林、苗圃地碳汇量分别为 0.54 万吨 / 年、0.23 万吨 / 年、1.95 万吨 / 年和 0.04 万吨 / 年，分别占通辽市森林全口径碳汇总量的 0.37%、0.16%、1.35%、0.03%（图 7-5）。

图 7-5　疏林地、未成林造林地、非特灌林灌木林、苗圃地碳中和

由于疏林地郁闭度低、种间种内竞争弱且长势快、未成林生长速度快、苗圃种植密度大的特点，其固碳能力不容忽视；城区和乡村绿化散生林木几乎不存在生长限制因子，生长速度更接近于生产力的极限，也意味着其固碳能力十分强大。

### 四、森林土壤碳中和

土壤也是一个巨大的碳库，其固碳量的波动会对气候变化产生巨大影响。固定到土壤中的有机碳一部分会经过土壤微生物的分解转化以二氧化碳形式重新返回到大气；剩余的有机质则经过多年累积转化成稳定的有机碳储存到土壤。基于通辽市森林资源年度变化监测评价数据核算，通辽市土壤碳汇量为 11.46 万吨，占其森林全口径碳汇量的 7.93%。土壤碳循环的过程由诸多自然因素和人为因素共同影响，且人为因素对土壤碳循环和碳储量的影响程度远超自然因素。在自然因素方面，土壤碳库的变化受到多种物理和生物因素的影响，如气候，土壤结构及化学、物理和生物属性，植被类型，微生物生理生化过程等，且各因素之间存在相互作用。在人为因素方面，不同土地覆被和利用方式，导致土壤碳汇能力差异很大。一般土壤碳汇能力从大到小表现为森林 > 草地 > 湿地 > 农田 > 未利用地和建设用地。当人类活动引起土地利用 / 土地覆被变化（LUCC）时，一方面直接改变了生态系统类型，从而影响生态系统的净初级生产力以及土壤有机碳输入；另一方面间接改变了土壤的生物和理化属性，进而影响土壤呼吸作用以及土壤碳输出强度（周璞，2021）。

# 第八章
# 通辽市生态产品价值化实现

　　"生态产品"可以被看作是生态系统服务的中国升级版，在2010年《全国主体功能区规划》中首次提出，被定义为"维系生态安全、保障生态调节功能、提供良好人居环境的自然要素"，一方面基于国际上生态系统服务研究成果，以生态系统调节服务为主；另一方面从人类需求角度出发，将清新空气、清洁水源等人居环境纳入其中，对比生态系统服务来说是一个巨大的提高。"产品"是作为商品提供给市场、被人们使用和消耗的物品，产品的生产目的就是通过交换转变成商品，商品是用来交换的劳动产品，产品进入交换阶段就成为商品。2021年4月26日，中共中央办公厅、国务院办公厅印发《关于建立健全生态产品价值实现机制的意见》指出：建立健全生态产品价值实现机制，是贯彻落实习近平生态文明思想的重要举措，是践行"绿水青山"就是"金山银山"理念的关键路径。生态产品价值实现是要把生态系统服务提供的、没有体现在GDP统计体系中的额外附加价值显现出来，把自然资产和生态产品纳入经济制度决策中，完善国民财富核算体系，让优美的生态环境成为经济发展新的"增长极"。因此，我国提出生态产品概念的战略意图就是要把生态环境转化为可以交换消费的生态产品，充分利用我国改革开放后在经济建设方面取得的经验、人才、政策等基础，用搞活经济的方式充分调动起社会各方开展环境治理和生态保护的积极性，让价值规律在生态产品的生产、流通与消费过程发挥作用，以发展经济的方式解决生态环境的外部不经济性问题。

　　森林生态系统是维护地球生态平衡最主要的一个生态系统，在物质循环、能量流动和信息传递方面起到了至关重要的作用。特别是森林生态系统服务发挥的绿色"水库"、绿色"碳库"、净化环境"氧库"和生物多样性"基因库"四个生态库功能，为经济社会的健康发展，尤其是人类福祉的普惠提升提供了生态产品保障。目前，国内对于森林生态产品价值的研究主要涉及实现路径、机制构建、价值转化、定量评估等方面，虽然通过探索取得了一定研究成果，但针对森林生态产品价值实现的专项研究规模仍然不足，其丰富性、系统性和实用性有待进一步提高。目前，如何核算森林生态功能与其服务的转化率以及价值化实现，并为其生态产品设计出科学可行的实现路径，正是当今研究的重点和热点。本章将基于大量的森林生态系统服务评估实践，开展价值化实现路径设计研究，以期为"绿水青山"向"金山银山"转化提供可复制、可推广的范式。

> 生态产品价值实现（Ecosystem Product Value Realization）：是指将生态产品所蕴含的内在价值转化为经济效益、社会效益和生态效益的过程，是经济社会发展格局、城镇空间布局、产业结构调整和资源环境承载能力相适应的过程，有利于实现生产空间、生活空间和生态空间的合理布局。

## 第一节　生态产品价值化实现理论

党的十九大报告明确提出："既要创造更多物质财富和精神财富以满足人民日益增长的美好生活需要，也要提供更多优质生态产品以满足人民日益增长的优美生态环境需要。"因此，建立健全生态产品价值实现机制，既是贯彻落实习近平生态文明思想、践行"两山"理念的重要举措，也是坚持生态优先、推动绿色发展、建设生态文明的必然要求。习近平总书记在深入推动长江经济带发展座谈会上强调，要积极探索推广绿水青山转化为金山银山的路径，选择具备条件的地区开展生态产品价值实现机制试点，探索政府主导、企业和社会各界参与、市场化运作、可持续的生态产品价值实现路径。探索生态产品价值实现，是建设生态文明的应有之义，也是新时代必须实现的重大改革成果。

### 一、生态产品概念的提出与发展历程

"生态产品"一词首先诞生于中国，是具有鲜明中国特色的新概念。起初，均是以学者个人角度开展生态产品研究，"生态产品"最早出现在1985年发表的《从黄土高原的历史变迁讨论种草种树和生态产品的转化问题》中。此后，对于"生态产品"成果日益增多，研究角度也多种多样。随着研究的不断深入，学者们从人与生态系统的关系角度入手研究生态产品（唐潜宁，2017）。我国官方关于生态产品概念的提出及其发展历程如图8-1所示。

2010年发布的《全国主体功能区规划》中首次提出"生态产品"的概念，即维系生态安全、保障生态调节功能、提供良好人居环境的自然要素，包括清新的空气、清洁的水源和宜人的气候等。陈岳等（2021）根据经济学原理的相关释义，将生态产品分为具有一般私人物品特征、具有公共资源特征、具有俱乐部物品特征和具有纯公共物品特征4个类别。

廖茂林等（2021）基于产品的供给视角、消费视角、功能视角以及人与自然互动等 4 个方面对生态产品的分类进行了阐述。李忠（2021）在《全国主体功能区规划》中给出定义的基础上，将生态产品进行了更为深入的划分，阐述生态产品与生态标识产品、绿色产品的内在联系，认为生态产品产业链的下游产品为绿色产品和生态标识产品。自然资源部有关部门认为能够增进人类福祉的产品和服务来源于自然资源生态产品和人类的共同作用，这就是生态产品概念的内涵和外延（张兴等，2020）。张林波等（2021）将生态系统自然生长过程的生物生产与人类社会共同作用下，提供给人类使用和消费的产品或者服务称之为生态产品，其可以细化为共性生态产品、准公共生态产品和经营性生态产品三类。马晓妍等（2020）认为生态产品是指生态系统生产或由人类劳动共同参与生产，当前或者将来比较稀缺的，且能够进入人类经济活动的，具有使用价值或交换价值的产品、功能和效益等；沈辉和李宁（2021）认为生态产品是需要通过投入人类劳动及物质资源生产的最终产品或服务，具有整体性、公共性、外部性、时空可变性特征；王金南等（2021）同样将生态产品定义为生态系统通过生态过程或与人类社会生产共同作用为增进人类及自然可持续福祉提供的产品和服务。至此，生态产品的概念逐渐清晰，虽尚未形成统一或公认的概念，但对生态产品的基本内涵和属性的理解大致趋同，包括干净空气、清洁水源、宜人气候等在内的生态调节服务是狭义概念上的生态产品，而广义概念上的生态产品一方面包含由生态系统服务提供且难以通过市场交易

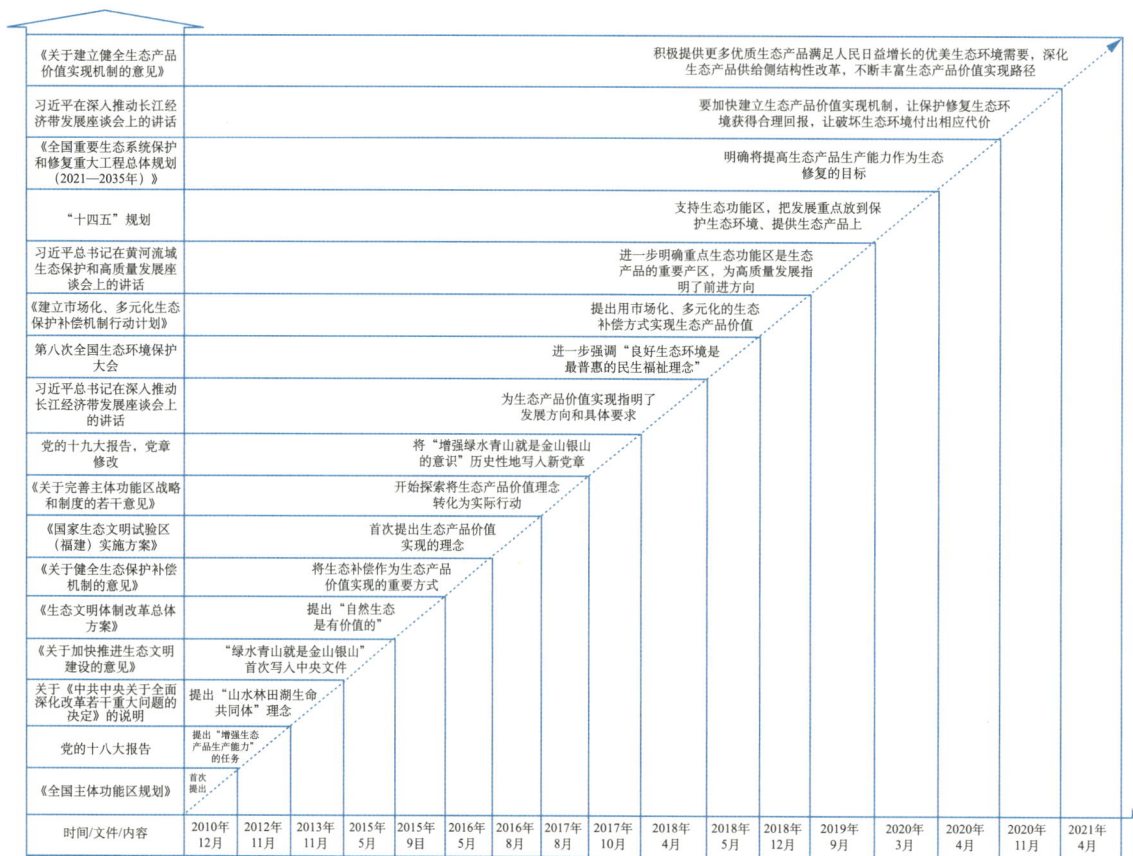

| 时间/文件/内容 | 内容 | 时间 |
| --- | --- | --- |
| 《关于建立健全生态产品价值实现机制的意见》 | 积极提供更多优质生态产品满足人民日益增长的优美生态环境需要，深化生态产品供给侧结构性改革，不断丰富生态产品价值实现路径 | 2021年4月 |
| 习近平在深入推动长江经济带发展座谈会上的讲话 | 要加快建立生态产品价值实现机制，让保护修复生态环境获得合理回报，让破坏生态环境付出相应代价 | 2020年11月 |
| 《全国重要生态系统保护和修复重大工程总体规划（2021—2035年）》 | 明确将提高生态产品生产能力作为生态修复的目标 | 2020年4月 |
| "十四五"规划 | 支持生态功能区，把发展重点放到保护生态环境、提供生态产品上 | 2020年3月 |
| 习近平总书记在黄河流域生态保护和高质量发展座谈会上的讲话 | 进一步明确重点生态功能区是生态产品的重要产区，为高质量发展指明了前进方向 | 2019年9月 |
| 《建立市场化、多元化生态保护补偿机制行动计划》 | 提出用市场化、多元化的生态补偿方式实现生态产品价值 | 2018年12月 |
| 第八次全国生态环境保护大会 | 进一步强调"良好生态环境是最普惠的民生福祉理念" | 2018年5月 |
| 习近平总书记在深入推动长江经济带发展座谈会上的讲话 | 为生态产品价值实现指明了发展方向和具体要求 | 2018年4月 |
| 党的十九大报告，党章修改 | 将"增强绿水青山就是金山银山的意识"历史性地写入新党章 | 2017年10月 |
| 《关于完善主体功能区战略和制度的若干意见》 | 开始探索将生态产品价值理念转化为实际行动 | 2017年8月 |
| 《国家生态文明试验区（福建）实施方案》 | 首次提出生态产品价值实现的理念 | 2016年8月 |
| 《关于健全生态保护补偿机制的意见》 | 将生态补偿作为生态产品价值实现的重要方式 | 2016年5月 |
| 《生态文明体制改革总体方案》 | 提出"自然生态是有价值的" | 2015年9月 |
| 《关于加快推进生态文明建设的意见》 | "绿水青山就是金山银山"首次写入中央文件 | 2015年5月 |
| 关于《中共中央关于全面深化改革若干重大问题的决定》的说明 | 提出"山水林田湖生命共同体"理念 | 2013年11月 |
| 党的十八大报告 | 提出"增强生态产品生产能力"的任务 | 2012年11月 |
| 《全国主体功能区规划》 | 首次提出 | 2010年12月 |

图 8-1　生态产品价值实现理念发展历程

实现其价值的产品；另一方面还应包括人类凝聚劳动并参与生产的产品，包括生态有机农畜产品、生态调节产品和生态文化产品三类，广义的生态产品概念更加能够突显生态产品多重价值属性（经济价值、生态价值、文化价值等）（苟延佳，2021）。

综上所述，本研究界定生态产品是指人类从生态系统中获得的各种惠益，是所有生态系统服务的集合；森林生态产品的概念也可据此得出。需要强调的是，生态产品是生态系统基于"可持续发展"的产出方式提供的产品。因此，不可再生的化石能源和矿产资源、大量使用化肥和农药的产品不属于生态产品。

### 二、生态产品价值化实现理论基础

生态产品价值实现的主要步骤可以概括为"算出来、转出去、管起来"，核心是要解决三个基本问题，即生态产品的价值到底有多大？怎样转化？如何保障？这就分别涉及生态产品价值核算、转化路径和政策创新。其中，价值核算是基础，转化路径是关键，政策创新是保障，相应的关键机制就包括生态产品价值实现的核算机制、转化机制和保障机制（陈光炬，2020）。国外没有"生态产品"的专业术语，与之类似的便为生态系统服务（ecosystem services）。生态系统服务维持地球上生命物质的生物地球化学循环与水文循环，维持生物物种的多样性，净化大气环境，是人类赖以生存和发展的基础。

森林、草地、湿地作为陆地生态系统的主体和最复杂的组成部分，对于维持全球生态系统平衡起到了至关重要的作用。同时，通过其自身的生态过程，向人类社会提供各种生态产品，包括涵养水源、固碳释氧、防风固沙、净化大气环境等。1970年，SCEP（Study of Critical Environmental Problem）首次将自然生态系统所提供的调控洪水、水土保持、土壤形成、昆虫控制及授粉、渔业、气候调节和物质循环等归纳为"服务"，标志着人类将生态系统服务真正作为科学问题来开展研究。Ehrlich（1981）提出了生物多样性降低对生态系统服务可能产生影响和科学技术能否替代自然生态系统服务的思考，随后 Ehrlich（1983）正式提出"生态系统服务"的概念。生态学家 Daily（1997）和 Costanza（1997）把生态系统服务定义为直接或间接增加人类福祉的生态特征、生态功能或生态过程，也就是生态系统形成和所维持的人类赖以生存和发展的环境条件和效用，这是最典型的生态系统服务定义。联合国千年生态评估的首个研究成果《生态系统与人类福利：评估框架》将生态服务定义为人类从生态系统中获取的效益（MA，2005），将生态服务视为自然产出物，不受人类活动影响（Wallace，2007）。国内的相关学者也进行了生态系统服务的分类和核算（表8-1）。2020年国家标准《森林生态系统服务功能评估规范》（GB/T 38582—2020）发布，标志着我国森林生态服务评估迈出了新的步伐，对提高人们的环境意识，加强林业建设在国民经济中的主导地位，健全生态效益补偿机制，推进森林资源保育，促进区域可持续发展，准确践行习近平生态文明思想具有十分重要的意义。

表 8-1　生态系统服务分类

| 学者 | 类型 |
|---|---|
| Freeman（1993） | 资源—环境服务价值、政府干预、私人对政府规章响应应度、为获得资源—环境服务而输入的其他资源等四大类 |
| Daily等（1997） | 缓解干旱和洪水、废物的分解和解毒、产生和更新土壤和土壤肥力、植物授粉、农业害虫的控制、稳定局部气候、支持不同的人类文化传统、提供美学和文化、娱乐等13 种类型 |
| Costanza等（1997） | 水资源供给、水分调节、气候调节、气体调节、干扰调节、养分循环、控制侵蚀和沉积物保持、土壤形成、养分循环、废物处理、授粉、生物控制、食物生产、原材料、基因资源、提供避难所、娱乐、文化等18个类 |
| 欧阳志云等（1999） | 产品和环境两大类及8个子类 |
| 赵同谦等（2004） | 森林生态系统服务功能主要包括提供产品、调节功能、文化功能和支持功能这四大类，共计13项功能 |
| MA（2005） | 供给、调节、文化和支持四大类服务，共计25个子类 |
| UK NEA（2011） | 供给、调节、文化和支持四大类服务，8大生态系统 |
| 国家林业和草原局（2020） | 供给、调节、文化和支持四大类服务，涵养水源、保育土壤、林木养分固持、固碳释氧、净化大气环境、森林防护、生物多样性保护、林木产品供给和森林康养等9项功能24项指标 |

近年来，国内外学者对各类生态系统服务进行了评估和价值核算，为生态产品价值实现奠定了基础。生态系统观测研究网络的快速发展，为生态产品精准化核算提供了良好的平台，尤其以中国森林生态系统定位观测研究网络（CFERN）的作用最为明显，王兵（2015）创新地构建了"森林生态系统服务全指标体系连续观测与清查技术体系"（简称：森林生态连清体系），该体系最大的特点就是有一套以国家标准为主体的森林生态连清标准体系，包括 GB/T 40053、GB/T 35377、GB/T 33057 和 GB/T 38582，保证了生态产品核算所需数据的科学性、可比性以及生态产品核算结果的可靠性。

依据森林生态连清体系，开展了不同尺度的生态产品核算工作：①国家尺度：国家林业和草原局从第七次森林资源清查开始已经连续 15 年开展了"中国森林生态系统服务功能评估与绿色核算项目"的研究以及成果发布，第七次、第八次和第九次森林资源清查我国森林生态系统服务总价值分别为 10.01 万亿元 / 年、12.68 万亿元 / 年和 15.88 万亿元 / 年；②省域及以下尺度：在全国选择 60 个省级及代表性地市、林区等开展森林生态系统服务评估实践，评估结果以"中国山水林田湖草生态产品监测评估及绿色核算"系列丛书的形式向社会公布；③生态工程尺度：开展了退耕还林（草）工程（6 期）和天然林资源保护工程（2 期）生态效益监测评估工作，并向社会发布了评估结果，形成了国家报告。此外，国家林业和草原局森林资源管理司依托国家林草生态综合监测，对生态空间（森林、草地和湿地）产品价值进行了核算，总价值超过 28 万亿元 / 年。以上研究，均为生态产品价值实现提供了充足理论基础。

### 三、生态产品价值体现方式

我国生态空间面积广阔，在水源涵养、土壤保持、防风固沙、洪水调蓄、固碳释氧、空气净化、气候调节、物种保育等方面发挥了重要作用，有力地维护了地区生态安全和物种多样性。特别是森林、草地、湿地的"负碳"作用，在"双碳"目标下得到了充分释放，在碳排放权交易市场中潜力巨大，作为综合效益最好的碳中和方案，林业碳汇已成为全社会关注的焦点。以上几方面价值基于森林、草地、湿地的自然特性和生态功能形成，属于生态系统服务研究范畴，现今其内涵逐渐得到延展和深化，成为生态产品价值的主要构成部分，承载并释放了巨大的生态价值量。由于这些产品的产权难以明晰，属于公共性生态产品，其价值主要依靠财政转移支付、政府补贴等生态补偿方式来实现。

生态产品的经济价值在市场中得到体现，由生态系统产出的各类物质资源（木质、非木质林产品）及服务，经过开发、利用和交易在市场中流通变现，"绿水青山"随即转化为"金山银山"。以这些产品为基础的产业多为林区的经济支柱，如木（竹）材加工、木本粮油、坚（浆）果、食用菌、山野菜、森林药材、森林养殖、水产品、草畜产品及旅游康养等。尤其在森林"粮库"和"大食物观"发展理念之下，近年来森林食品产业发展迅猛，为林区经济社会发展提供了必要的物质供给，与之相关的加工、包装、仓储、物流、信息等产业也随之兴起，共同推动了区域经济发展和乡村振兴进程。这些产品的产权大多比较明确，其价值主要通过生态产业化、产业生态化和直接市场交易来实现。

生态空间生态产品还承载了丰富的社会服务价值，如依托国家公园、自然保护区、风景名胜区的森林、草地、湿地景观和动植物资源，构成了开展生态旅游、森林康养、自然教育的资源基础，发挥景观利用功能，体现生态文化精髓，满足公众对于教育、文化、娱乐等方面的多元需求，唤起人与自然和谐共生的生态意识，推动当地林区生态扶贫和乡村振兴进程，为区域经济发展、民生福祉增进、生态文明构建作出了积极贡献。

张林波等（2020）在大量国内外生态文明建设实践调研的基础上，总结分析近百个生态产品价值实现实践案例，从生态产品使用价值的交换主体、交换载体、交换机制等角度，归纳形成 8 大类和 22 小类生态产品价值实现的实践模式或路径，包括生态保护补偿、生态权益交易、资源产权流转、资源配额交易、生态载体溢价、生态产业开发、区域协同开发和生态资本收益等。国际上较为成功的案例：①法国国家公园进行了国家公园管理体制改革，使国家公园公共性生态产品价值附着在国家公园品牌产品上实现载体溢价，利用良好生态环境吸引企业投资、刺激产业发展是间接载体溢价模式；②瑞典森林经理计划在保证采伐量低于生长量的前提下开展经营；③德国"村庄更新"计划依托生物资源发展农村产业链；④法国毕雷矿泉水公司为保持水质向上游水源涵养区农牧民支付生态保护费用；⑤哥斯达黎加 EG 水公司为保证发电所需水量、减少泥沙淤积购买上游生态系统服务。

王兵等（2020）结合中国森林生态系统服务评估实践，设计了森林生态系统生态产品价值化实现路径，将森林生态系统的四大服务（支持服务、调节服务、供给服务、文化服务）的 9 大功能类别与 10 大类实现路径建立了功能与服务转化率高低和价值化实现路径可行性的大小关系（图 8-2）。森林生态产品价值化实现路径可分为就地实现和迁地实现。就地实现是在生态系统服务产生区域内完成价值化实现，例如，固碳释氧、净化大气环境等生态功能价值化实现；迁地实现是在生态系统服务产生区域之外完成价值化实现，例如，大江大河上游森林生态系统涵养水源功能的价值化实现需要在中、下游予以体现。

为实现多样化的生态产品价值，需要建立多样化的生态产品价值实现途径。加快促进生态产品价值实现，需遵循"界定产权、科学计价、更好地实现与增加生态价值"的思路，有针对性的采取措施，更多运用经济手段最大程度地实现生态产品价值，促进环境保护与生态改善。本节基于通辽市生态产品禀赋，结合生态产品价值化实现典型案例，设计通辽市生态产品价值化实现路径，进而为管理者制定生态补偿措施，解决生态产品供给不足和市场需求无法满足的困境提供决策依据。

**图 8-2　森林生态产品价值实现路径设计**
注：不同颜色代表了功能与服务转化率的高低和价值化实现路径可行性的大小。

## 第二节  生态产品价值化实现路径设计

因地制宜探索生态产品价值实现路径，重在正确处理好经济发展和生态环境保护的关系，保护好绿水青山这个"金饭碗"。不同地区都可以因地制宜利用自然优势发展特色产业，通过改革创新让土地、劳动力、资产、自然风光等要素活起来，积极探索生态产品价值实现路径，努力提高生态产品供给能力和水平，推动经济效益、社会效益、生态效益同步提升，把"绿水青山"蕴含的生态产品价值转化为"金山银山"，让"绿水青山"颜值更高、"金山银山"成色更足。

### 一、森林生态系统科学量化补偿研究

探索开展生态产品价值计算，推动横向生态补偿逐步由单一生态要素向多生态要素转变，丰富生态补偿方式，加快探索"绿水青山就是金山银山"的多种现实转化路径。通辽市拥有丰富的森林资源，每年发挥 388.93 亿元的生态服务功能，生态产品价值较大。以通辽市森林生态效益量化补偿为例，利用人类发展指数的森林生态效益多功能定量化补偿系数计算方法，计算出森林生态效益定量化补偿系数、财政相对能力补偿指数、补偿总量及补偿额度。探索开展生态产品价值计量，推动横向生态补偿逐步由单一生态要素向多生态要素转变，丰富生态补偿方式，加快探索"绿水青山就是金山银山"的多种现实转化路径。

生态效益量化补偿：是指基于人类发展指数的多功能定量化补偿，结合了生态系统服务和人类福祉的其他相关关系，并符合不同行政单元财政支付能力的一种给予生态系统服务提供者的奖励。

人类发展指数：是指对人类发展情况的总体衡量尺度。主要从人类发展的健康长寿、知识的获取以及生活水平三个基本维度衡量一个国家取得的平均成就。

森林生态效益量化补偿分配系数：是指各旗县（市、区）森林生态效益与全市森林生态效益的比值。该系数表明，某地方森林生态效益越高，那么相应地获得的补偿总量就越多。

2016 年 5 月，国务院办公厅发布《关于健全生态保护补偿机制的意见》，提出"以生态产品产出能力为基础，加快建立生态保护补偿标准体系"（国务院办公厅，2016），要求建立多元化生态保护补偿机制，将生态补偿作为生态产品价值实现的重要方式，明确生态产品产出能力是生态补偿标准的确定依据。根据《内蒙古经济年鉴（2021）》和《通辽市 2021 年国民经济和社会发展统计公报》数据，计算得出通辽市森林生态效益多功能定量化补偿系数、财政相对补偿能力指数、补偿总量及补偿额度，见表 8-2。

表8-2　通辽市森林生态定量化补偿情况

| 市 | 财政相对补偿能力指数 | 补偿系数(%) | 补偿总量(亿元) | 补偿额度 | |
|---|---|---|---|---|---|
| | | | | 元/（公顷·年） | 元/（亩·年） |
| 通辽市 | 0.050 | 0.294 | 3.09 | 437.84 | 29.19 |

　　为了能够更加科学合理地实现生态效益的补偿，可以通过森林生态效益补偿分配系数来确定各分区所获得的补偿总量及补偿额度。根据通辽市森林生态效益定量化补偿额度计算出各分区森林生态效益定量化补偿额度，见表8-2、表8-3。2020年通辽市各分区生态效益分配系数介于1.20%～47.05%之间，通辽市补偿总量的变化趋势均与补偿系数的变化趋势一致，均与各分区森林生态效益价值量成正比。随着人们生活水平的不断提高，人们对于舒服环境的追求已经成为一种趋势，而森林生态系统对舒适环境的贡献已形成共识，所以如果政府每年投入约1%的财政收入来进行森林生态效益补偿，那么相应地将会极大提高当地人民的幸福指数（牛香，2012）。

表8-3　通辽市森林生态效益定量化补偿情况

| 旗（县、市、区） | 生态效益（亿元/年） | 分配系数 | 补偿总量（亿元） | 补偿额度 | |
|---|---|---|---|---|---|
| | | | | 元/（公顷·年） | 元/（亩·年） |
| 科尔沁区 | 4.06 | 1.20% | 0.13 | 401.70 | 26.78 |
| 霍林郭勒市 | 6.75 | 1.99% | 0.01 | 468.30 | 31.22 |
| 科尔沁左翼中旗 | 49.87 | 14.69% | 0.36 | 396.90 | 26.46 |
| 科尔沁左翼后旗 | 67.03 | 19.75% | 0.56 | 393.30 | 26.22 |
| 开鲁县 | 13.35 | 3.93% | 0.06 | 416.25 | 27.75 |
| 库伦旗 | 22.7 | 6.69% | 0.31 | 417.90 | 27.86 |
| 奈曼旗 | 15.95 | 4.70% | 0.74 | 467.25 | 31.15 |
| 扎鲁特旗 | 159.71 | 47.05% | 0.91 | 481.65 | 32.11 |

　　不同地区生态产品价值实现机制需要根据区域特征进行针对性设计。通辽市地理区位特殊，生态产品价值实现条件充分，结合通辽市实际，可考虑在以下典型机制先行先试和重点突破。对生态补偿的研究有利于生态效益评估工作的推进与开展，生态效益评估又有助于生态补偿制度的实施和利益分配的公平性。根据"谁受益、谁补偿，谁破坏、谁恢复"的原则，应该完善对重点生态功能区的生态补偿机制，形成相应的横向生态补偿制度，森林生态效益补偿可以更好地给予生态效益提供者相应的补助（牛香，2012；王兵，2015）。

　　国家气象中心卫星遥感监测数据显示，"十三五"末，通辽市境内科尔沁沙地生态质量明显改善，生长季植被覆盖度、植被净初级生产力、植被生态质量均呈现上升状态。全市植被覆盖度平均每年增加0.5%；植被净初级生产力年均增加8.6克碳/平方米；植被生态质量指数年平均增加 1.3。其中，科尔沁左翼后旗植被生态质量指数最高，达到 72.9，库伦旗植被生态质量指数增幅最大，达到 29.8%。全市易起沙尘指数呈下降趋势，防风固沙能力明显提升且高于科尔沁沙地总体平均水平，平均最大风速由 18.2 米/秒下降到 14.2 米/秒，平均大风日数由 22 天降至 19 天。通辽市生长季降雨量呈波动增加趋势，年均增加 5.93 毫米；平均气温呈降低趋势，生长季平均气温年降低 0.02℃；固碳能力达 500 万吨，蓄水 10 亿立方米。

防风固沙服务是生态系统植被对风沙的抑制和固定作用，是风蚀地区自然生态系统提供的一项重要防护型服务，为区域生产生活的可持续发展创造条件。退耕（牧）还林（草）、控制放牧强度、禁止开矿等生态工程建设都是主要的防风固沙措施。这些措施的施行限制了当地社会经济的发展，降低了当地居民的经济收入，增加了区域的发展机会成本，实际上这部分损失应该由防风固沙服务的受益区来补偿。目前，已有的补偿措施主要集中在中央政府转移支付等纵向的生态补偿，如三北防护林工程等，缺少区域间的生态补偿政策。也就是说对于森林防护功能而言，森林防护功能受益区的实际获益者需要向上风口为防风固沙作出贡献的居民和生态系统进行补偿，因此森林防护功能的空间流动量在防风固沙功能的供给区与需求区建立起空间联系，并且这种联系可以精确到栅格单元上的防风固沙服务流动量。该流动量可以作为比例系数将下风口实际受益者缴纳的补偿分配到上风口的防风固沙供给单元，从而得到防风固沙流动价值量的空间流动过程，进一步推动落实更大范围、更高层次的空间生态补偿机制，提高区域间协同能力、探索"造血型"生态补偿机制，加大生态环境基础设施建设（推动多种绿色融资机制创新），持续改善生态环境，创造流域生态补偿的"区域模式"。

同时，政府也可以根据林草生态资产质量和价值提升情况，争取更多国家重点生态功能区生态补偿和林草补助奖励资金；充分利用中央对三北防护林工程的倾斜政策，加快生态产品价值核算发布，及时准确传达通辽市生态环保建设成就，推动补偿标准与实际生态效益挂钩，解决补偿标准普遍偏低导致的生态保护与经济发展不协调问题。简而言之，可以生态补偿为核心、以生态环境保护为根本、以绿色发展为路径、以互利共赢为目标、以体制机制建设为保障，跨区域协作，共建共享绿色发展道路。

## 二、绿色"碳库"功能生态权益交易价值化实现路径

该模式的典型案例为自然资源部发布的《生态产品价值实现典型案例（第三批）》中的德国生态账户及生态积分案例、福建三明市碳汇交易促进生态产品价值实现案例。在生态价值核算过程中，德国不是采用"货币化"的方式度量生态系统服务的价值，而是采用"指数化"的方式将其转化为生态积分，既避免陷入"算多少、值多少"的误区，又为通过市场力量配置生态产品奠定了基础。福建三明市借助国际核证碳减排、福建碳排权交易试点等管控规则和自愿减排市场，探索开展林业碳汇产品交易，该做法是将生态系统的绿色"碳库"功

能转化为可交易的碳汇产品，有利于实现生态产品的综合效益。

> 生态权益交易：是指生产消费关系较为明确的生态系统服务权益、污染排放权益和资源开发权益的产权人和受益人之间直接通过一定程度的市场化机制实现生态产品价值的模式，是公共性生态产品在满足特定条件成为生态商品后直接通过市场化机制方式实现价值的唯一模式，是相对完善成熟的公共性生态产品直接市场交易机制，相当于传统的环境权益交易和国外生态系统服务付费实践的合集。

### （一）林业碳票

2022 年 4 月，内蒙古自治区党委、自治区人民政府印发《关于完整准确 全面贯彻新发展理念做好碳达峰碳中和工作的实施意见》（以下简称《意见》），明确要求"完善生态产品价值实现机制，积极参与全国碳排放权交易"。通辽市可借鉴三明市"林业碳票"的模式，运用内蒙古的市场经济机制，建立通辽市碳交易市场，提高农户植树造林的积极性，拉动通辽市低碳经济增长，进而使资源达到优化配置的有效手段。同时，可借鉴国内外碳交易模式的先进经验，结合通辽市的实际情况，在初期示范阶段，适用自愿交易模式，后期成熟后，可逐步发展为强制市场，并全面展开一级、二级市场交易。

> 林业碳票：依据林业碳票管理办法，经第三方机构监测核算、有关部门审定备案并签发的碳减排量而制发的凭证，赋予交易、质押、兑现、抵消等权能的实物载体。

具体实施步骤如下：通辽市首先由政府部门根据环境质量控制总体和相关法律政策的约束推算出二氧化碳的最大允许排放量，将其分割成若干排放权并以"许可证"的形式免费分配给碳排放企业。同时，由碳汇提供者直接向第三方认证机构提出申请，或委托代理机构向第三方认证机构提出申请，由第三方认证机构对碳汇量进行检测认证，通过第三方认证机构实际测定供给方生产的碳汇量，经换算后由政府相关部门授予其额度相当的"碳票"。供给方可以将其在交易市场上发布交易公告，进行出售。碳排放量超过既定配额的企业则向政府部门提出申请，在获得市场准入资格后，可根据公告，向交易所提出申请，进行交易。需求者向供给方购买相应"碳票"以冲抵其超额的碳排放，而通过节能减排和应用新技术产生的多余的"碳票"，企业亦可将其在市场上进行出售。由专门的监督机构和管理机构对交易流程进行监督，并在交易后负责检测和报告。"林业碳票"更加准确地反映林业在实现碳中和愿景中的重要作用，更好地构建森林生态产品价值补偿机制，调动林业经营主体造林育林的积极性，对于增加森林面积、提升森林质量、促进森林健康、增强森林生态系统碳汇增量，实现碳中和意义重大。

### （二）降碳产品

《意见》中指出"加快推进绿色产品、低碳产品认证和应用推广"，通辽市应紧紧围绕增强造林固碳能力和营林固碳能力，持续开展大规模国土绿化行动。大力推进林业质量提升工程，科学选择造林树种，抓好中幼龄林抚育、退化林修复、疏林封育及补植补造、灌木林经营提升等工作；以降碳产品方法学为指导，加快全市降碳产品开发、申报、登记等工作，鼓励支持社会各界开发降碳产品，加强降碳项目储备。建立以政府主导、市场运作的"谁开发谁受益、谁超排谁付费"的降碳产品价值实现政策体系，调动全社会开发降碳项目积极性，激发"两高"企业节能减污降碳内生动力，充分发挥市场在资源配置中的决定性作用，推动降碳产品生态价值有效转化。鼓励政府机关、国有企业、社会机构、科研院所在举办专业会议、商务展览、大型活动时，购买降碳产品中和碳排放。依托内蒙古和通辽市公共资源交易中心，建立全区降碳产品价值实现管理平台，组织实施降碳产品项目审核、备案，将生态空间绿色"碳库"功能以碳封存的方式放到市场上交易，用于企业的碳排放权购买。

按照当前降碳产品的交易价格计算，通辽市森林全口径碳汇 530.24 万吨二氧化碳当量，可实现交易价格 2.35 亿元。通辽市降碳产品资源丰富，积极开发降碳产品，实现降碳产品价值有效转化，不仅可以将生态优势转化为经济优势，助力实现通辽市二次创业，也必将有力推动全区产业结构绿色低碳转型，实现经济社会高质量发展。降碳产品生态价值实现服务平台启动运行，可以更好服务降碳产品生态价值实现，为保障价值实现机制持续健康运行，做大做优做强内蒙古绿色低碳产业，注入绿色创新活力。

此外，通辽市生态空间资源丰富，通过绿色"碳库"功能吸收固定转化空气中的二氧化碳，起到了降碳减排的作用，减轻了工业减排的压力。政府机构可以依托全国对安全优质特色农牧产品的巨大潜在需求，依托优质生态资源发展生态低碳农业，如林下经济（林菌、林药、林禽、林畜、林蜂、林蛙等）或优质农牧产品，再通过品牌赋能机制提高产品附加值和市场认可度。另外，可以通过林草碳汇机制在全国碳市场交易实现生态收益，以生态权益交易模式逐步打通将生态价值转化为经济价值的渠道，实现生态环境保护与经济发展协同共进。

### 三、绿色康养功能生态产业开发价值化实现路径

依据通辽市 2021 年国民经济和社会发展统计公报可知，2020 年，通辽市面对极其复杂严峻的国内外形势，特别是新冠肺炎疫情冲击，全年旅游总收入 223.12 亿元，同比下降11.2%。国内旅游收入 223.11 亿元，同比下降 10.7%。国际旅游外汇收入 18.31 万美元，同比下降 99.2%。全市有 A 级景区 21 家，3A 级景区 10 家，4A 级景区 6 家。

遵循景观延续性、文化完整性和产业聚集性原则，依托境内森林、草原、湿地、沙漠等多样性旅游景观，发挥区位优势，突出森林、草地、湿地资源特色，做好生态保护等重大工程，打造集文化通辽、秘境通辽、康养通辽、绿色通辽、研学通辽等多功能于一体的复合型山水生态休闲旅游目的地。同时，依托通辽市独具优势的生态环境和优美的森林草原景观，整合提升"民族风景区"和"草原天路"旅游产品体系，通过整合资源、提升品质，打

造引领内蒙古旅游区域发展的草原风景画廊，突出森林草原景观及民族文化等特色，建成享誉国内外著名的森林草原避暑胜地。

除此之外，政府可建立更加紧密的京津冀蒙文化和旅游联盟，发挥跨区域文旅联动效应，打造全域旅游品牌，依托绿色生态与民族文化资源优势，充分发挥独特地理优势，发展绿色康养等生态产业；充分依托内蒙古自治区旅游发展大会等平台推介通辽品牌，系统性提升通辽生态产品附加值，加快通辽生态产品从"好颜值"向"好价值"有效转化。

## 第三节　生态产品价值实现的促进措施

### 一、科学开展生态产品价值核算，推进"三个应用"

在明确生态空间边界、数量、质量、分布和用途的基础上，科学开展生态空间生态产品价值核算，建立可重复、可比较、可应用的核算体系。以森林、草地、湿地资源连续清查数据、全国土地调查数据为基准，根据生态空间生态产品价值核算目标建立生态产品目录清单，调查统计年度的生态空间生态产品供给量（实物量），采用科学化、标准化的核算方法，对不同资源类型进行分布式测算后，统计生态产品的总价值（价值量），汇成生态产品价值核算基础数据。核算项目应包括支持服务、调节服务、供给服务、文化服务等多方面指标，但应避免将未产生实际惠益的假想服务纳入核算导致的结果虚高现象。在实物量测算过程中，应尽量采用统计年鉴数据，以及行业主管部门、行业协会提供的统计数据，同时还需要收集相关的气象数据、水文数据和经济社会数据。价值量核算方法必须具有可操作性，在采用时替代市场法、假想市场法等定价方法时，在保证各项指标参数设定严谨的基础上，还应充分考虑数据获取可能性和获取成本问题。

在科学开展生态产品价值核算的基础上，推进"三个应用"，分别是应用于通辽市发展规划、应用于绿色发展政策和应用于生态文明考核指标。

应用于通辽市发展规划，"十四五"时期，我国生态文明建设坚持以绿色发展理念为引领，基于通辽市生态空间生态产品对经济发展的贡献，拓展生态产品价值实现通道，走产业生态化和生态产业化协同的绿色发展之路。充分发挥通辽市生态空间绿色核算在绿色发展中的引领作用，加快形成绿色发展方式，通过调整经济结构和能源结构，优化国土空间开发布局，培育壮大节能环保产业、清洁生产产业、清洁能源产业，推进生态产业化和产业生态化，持续培育壮大绿色发展新动能，积极提供更多优质生态产品满足人民日益增长的优美生态环境需要，走出一条属于通辽市的可持续发展之路。

应用于绿色发展政策，将生态空间生态产品核算体系引入到生态优先、绿色发展的政策体系中，坚持生态优先、绿色发展，聚焦绿色转型、聚力高质量发展，全力构筑绿色农畜产品产业、绿色煤电铝产业、现代能源示范产业等产业集群，打出一套绿色转型发展组合拳。尤其是可以考虑试行与生态产品质量和价值相挂钩的财政奖补机制，以通辽市治沙植树造林为依托，提高各级政府保护生态环境的积极性，将通辽市生态产品价值落实为经济价值，寻求维护良好生态环境、充分体现生态系统价值的有效路径和模式。

应用于生态文明考核指标，党的十八大以来，党中央、国务院就加快推进生态文明建设作出一系列决策部署，先后印发了《关于加快推进生态文明建设的意见》和《生态文明体制改革总体方案》，确立了我国生态文明建设的总体目标和生态文明体制改革总体实施方案，提出要健全政绩考核制度，将体现生态文明建设要求的目标体系、考核办法、奖惩机制，把资源消耗、环境损害、生态效益等指标纳入经济社会发展评价体系。构建基于生态产品绿色核算结果的生态文明考核体系，建立通辽市生态产品绿色核算成果年度发布制度，出台《生态产品综合考评办法》，将生态产品价值指标纳入党委和政府高质量发展综合绩效评价，重点考核生态产品供给能力、环境质量提升、生态保护成效等方面指标，以及经济发展和生态产品价值"双考核"。推动将生态产品价值核算结果作为领导干部自然资源资产离任审计的重要参考。对任期内造成生态产品价值严重下降的，依规依纪依法追究有关党政领导干部责任。

## 二、合理制定产业发展规划，打通"绿水青山"向"金山银山"转化通道

生态产品价值实现要坚持顶层设计、规划引领，合理制定森林生态产业发展规划，覆盖森林生态系统保护和修复、碳汇林营造、林下经济资源开发和利用、国家储备林建设等方面，与生态补偿、生态税费、权属交易、产品溢价等生态产品价值实现模式关联起来。要对森林生态产品资源的基本状况进行系统把握，具体包括资源数量、构成、分布、市场前景等多个方面，结合自然地理条件、资源禀赋优势和经济社会现状，合理确定本地发展模式和重点产业发展目标，因时制宜、因地制宜、分类施策，全面提高森林生态产品的供给数量和质量，妥善处理保护生态与经济发展、重点突破与统筹推进、市场需求与产业规模之间的关系。

尤其是优质生态产品的供给，优质产品供给是生态产品价值实现的根本保障。需要根据市场需求和行业发展动向，结合资源禀赋、地区特色、目标市场等因素，深度开发利用良种和新品种，使木本粮油、干鲜果品、食用菌、药材、花卉、种苗、木（竹）材等产品的价值得到充分体现，乃至产生商品增值溢价，注重生产"无农残检出、无抗生素检出、无激素检出、无重金属污染"的"四无"森林产品，不断开发出品质过硬、群众喜爱的森林生态产品并推向市场。同时，提高产品附加值是获得溢价的关键，塑造商业品牌、申请知识产权、通过"三品"（无公害农产品、绿色食品和有机食品）认证等方式已经成为共识，近年来，打造区域公共品牌、建立产品溯源体系、通过碳中和产品认证、获取碳足迹标签等，又成为

巩固优化品牌、提高产品附加值、赢得消费市场的新途径。应深入研究市场需求和消费者反馈情况，定向开发出特色鲜明、适应市场的森林生态产品，加大媒体网络宣传推介力度，让深藏于森林的生态产品走入大众视野，通过社会认可来实现更高的产品价格和销售总量，满足当代消费者对于绿色、环保、健康产品的旺盛需求。

同时，将内蒙古民族文化和绿色康养相结合，科学制定文旅融合发展规划，凸显地域资源和文化特色，创建森林、草地、湖泊、湿地绿色旅游路线图谱，大力发展生态空间绿色旅游业，强化生态旅游路线图谱的保护及生态修复工作，以自然生态美景为基础、以本土文化品牌为特色、以体验产品为卖点、以产业融合发展为目标，深入挖掘科尔沁草原文化内涵，巩固提升旅游成果，不断扩大总量和优化结构，强化招商引资，注重龙头带动，打造科尔沁"打卡"圣地，高起点高标准打造生态旅游绿色发展模式。

### 三、充分发挥政府主导作用，积极构筑交流合作体系

政府部门应在森林生态产品价值实现中发挥主导作用，引领"两山"价值转化。一是加快国内林权制度改革，构建完善的森林资源产权制度，解决森林资源所有权边界模糊问题，推进森林资源流转和交易。二是针对森林生态产品价值实现开展专项调研，建立健全相关政策法规和标准体系，明确政策支持的方向和具体措施。三是完善生态保护补偿机制，加快确立森林公共服务产品"供给受益，使用付费，破坏赔偿"的利益导向机制，实现基于森林生态效益的横向补偿、纵向补偿和损害赔偿，开展森林资源权益指标交易，推进碳排放权交易机制下的林业碳汇模式创新和成果应用。四是制定人才培养和引进政策，建立起完善的人才培养机制和平台，引导更多高水平人才参与到森林生态产品的研究和经营活动中，打造森林生态产品价值实现高端智库。五是各地政府应推进核算结果在规划编制、政府决策、项目建设、市场交易、生态监测、考核考评中的应用，建立本地化森林生态产品价值实现机制实施方案，与林长制联系起来，推动层层深入、级级落实，取得更多标志性成果。

同时，以政府为主导，积极构建合作交流体系，特别是与森林生态产品供给相关的林农、企业、高校、科研机构和社会组织，尤其是在同一自然地理分布区内、同一行政区划内、同一细分行业内的经营和研究主体，应紧密围绕"价值实现"这一共同目标，凝聚共识、形成合力，积极构筑森林生态产品价值实现交流合作体系，推动"产、学、研、用"的深度融合。建立森林生态产品开发和利用的多方合作平台，包括线上和线下的交流平台、展示平台、合作平台等，便于各方之间的沟通和合作。开展多种形式的商贸活动，如森林生态产品博览会、展销会、发布会、企业家论坛等，推进森林生态产品供给方与需求方、资源方与投资方的高效对接，切实提高森林生态产品价值实现效能。

# 参考文献

陈文婧，2013. 城市绿地生态系统碳水通量研究 [D]. 北京：北京林业大学 .

房瑶瑶，王兵，牛香，2015. 陕西省关中地区主要造林树种大气颗粒物滞纳特征 [J]. 生态学杂志，34（6）：1516-1522.

高晓龙，林亦晴，徐卫华等，2020. 生态产品价值实现研究进展 [J]. 生态学报，40（1）：24-33.

郭慧，2014. 森林生态系统长期定位观测台站布局体系研究 [D]. 北京：中国林业科学研究院 .

国家发展与改革委员会能源研究所（原：国家计委能源所），1999. 能源基础数据汇编（1999）[G].

国家林业和草原局，2003. 森林生态系统定位观测指标体系（GB/T 35377—2011）[S]. 北京：中国标准出版社 .

国家林业和草原局，2005. 全国森林资源统计（1999—2003）[R]. 北京：国家林业和草原局森林资源管理司 .

国家林业和草原局，2005. 森林生态系统定位研究站建设技术要求（LY/T 1626—2005）[S]. 北京：中国标准出版社 .

国家林业和草原局，2007. 干旱半干旱区森林生态系统定位监测指标体系（LY/T 1688—2007）[S]. 北京：中国标准出版社 .

国家林业和草原局，2007. 暖温带森林生态系统定位观测指标体系（LY/T 1689—2007）[S]. 北京：中国标准出版社 .

国家林业和草原局，2008. 寒温带森林生态系统定位观测指标体系（LY/T 1722—2008）[S]. 北京：中国标准出版社 .

国家林业和草原局，2010. 森林生态系统定位研究站数据管理规范（LY/T 1872—2010）[S]. 北京：中国标准出版社 .

国家林业和草原局，2010. 森林生态站数字化建设技术规范（LY/T 1873—2010）[S]. 北京：中国标准出版社 .

国家林业和草原局，2011. 森林生态系统长期定位观测方法（GB/T 33027—2016）[S]. 北京：中国标准出版社 .

国家林业和草原局，2016. 天然林资源保护工程东北、内蒙古重点国有林区效益监测国家报

告 [M]. 北京：中国林业出版社 .

国家林业和草原局，2017. 湿地生态系统服务功能评估规范（LY/T 2899—2017）[S]. 北京：
　　中国标准出版社 .

国家林业和草原局，2017. 中国森林资源报告（2014—2018）[M]. 北京：中国林业出版社 .

国家林业和草原局，2020. 森林生态系统服务功能评估规范（GB/T 38582—2020）[S]. 北京：
　　中国标准出版社 .

国务院，2015. 全国主体功能区规划 [M]. 北京：人民出版社 .

郝仕龙，李春静，李壁成，2010. 黄土丘陵沟壑区农业生态系统服务的物质量及价值量评价
　　[J]. 水土保持研究，17（5）：163-166+171.

李少宁，王兵，郭浩，等，2007. 大岗山森林生态系统服务功能及其价值评估 [J]. 中国水土
　　保持科学，5（6）：58-64.

李顺龙，2005. 森林碳汇经济问题研究 [D]. 哈尔滨：东北林业大学 .

林卓，2016. 不同尺度下福建省杉木碳计量模型、预估及应用研究 [D]. 福州：福建农林大学 .

牛香，2012. 森林生态效益分布式测算及其定量化补偿研究——以广东和辽宁省为例 [D]. 北
　　京：北京林业大学 .

牛香，宋庆丰，王兵，等，2013. 黑龙江省森林生态系统服务功能 [J]. 东北林业大学学报，
　　41（8）：36-41.

牛香，王兵，2012. 基于分布式测算方法的福建省森林生态系统服务功能评估 [J]. 中国水土
　　保持科学，10（2）：36-43.

牛香，薛恩东，王兵，等，2017. 森林治污减霾功能研究 [M]. 北京：中国科学出版社 .

全国人民代表大会常务委员会，2018. 中华人民共和国环境保护税法 [M]. 北京：中国法治出
　　版社 .

生态环境部，2018. 中国环境统计年报 [M]. 北京：中国统计出版社 .

宋庆丰，杨新兵，鲁绍伟，等，2009. 河北雾灵山典型森林群落物种多样性研究 [J]. 林业资
　　源管理（6）：70-74.

孙庆刚，郭菊娥，安尼瓦尔·阿木提，2015. 生态产品供求机理一般性分析——兼论生态涵
　　养区"富绿"同步的路径 [J]. 中国人口·资源与环境，25（3）：19-25.

通辽市统计局，2021. 通辽市统计年鉴 2020 [M]. 北京：中国统计出版社 .

王兵，2015. 森林生态连清技术体系构建与应用 [J]. 北京林业大学学报，37（1）：1-8.

王兵，丁访军，2010. 森林生态系统长期定位观测标准体系构建 [J]. 北京林业大学学报，
　　32（6）：141-145.

王兵，丁访军，2010. 森林生态系统长期定位观测标准体系构建 [J]. 北京林业大学学报 .32
　　（6）：141-145.

王兵，丁访军，2012.森林生态系统长期定位研究标准体系 [M].北京：中国林业出版社.

王兵，鲁绍伟，2009.中国经济林生态系统服务功能价值评估 [J].应用生态学报，20（2）：417-425.

王兵，任晓旭，胡文，2011.中国森林生态系统服务功能及其价值评估 [J].林业科学，47（2）：145-153.

王兵，宋庆丰，2012.森林生态系统物种多样性保育价值评估方法 [J].北京林业大学学报，34（2）：157-160.

王兵，魏江生，胡文，2011.中国灌木林—经济林—竹林的生态系统服务功能评估 [J].生态学报，31（7）：1936-1945.

王金南，刘桂环，2021.完善生态产品保护补偿机制促进生态产品价值实现 [J].中国经贸导刊（11）：44-46.

王俊枝，常屹冉，匡文慧，等，2018.浑善达克沙漠化防治重点生态系统功能区防风固沙功能动态特征分析 [J].北京师范大学学报：自然科学版（3）：348-356.

王谢，2015.柏木人工林土壤有机碳组分对人工更新林窗的早期响应机制 [D].雅安：四川农业大学.

王岩，许谭，申昊轩，等，2023.森林生态产品价值实现探讨：要点、问题与促进措施 [J].中国林业经济（3）：12-16.

谢高地，鲁春霞，冷允法，等，2015.青藏高原生态资产的价值评估 [J].自然资源学报，18（2）：189-196.

谢高地，张钇锂，鲁春霞，等，2001.中国自然草地生态系统服务功能价值 [J].自然资源学报，16（1）：47-53.

虞慧怡，张林波，李岱青，等，2020.生态产品价值实现的国内外实践经验与启示 [J].环境科学研究，33（3）：685-690.

张维康，2016.北京市主要树种滞纳空气颗粒物功能研究 [D].北京：北京林业大学.

赵景柱，肖寒，2000.生态系统服务的物质量与价值量评价方法的比较分析 [J].应用生态学报，11（2）：290–292.

赵同谦，欧阳志云，贾良清，等，2004.中国草地生态系统服务功能间接价值评价 [J].生态学报，24（6）：1101-1110.

赵同谦，欧阳志云，郑华，等，2004.草地生态系统服务功能分析及其评价指标体系 [J].生态学杂志，23（6）：155-160.

曾贤刚，虞慧怡，谢芳，2014.生态产品的概念、分类及其市场化供给机制 [J].中国人口·资源与环境，24（7）：12-17.

中国国家标准化管理委员会，2008.综合能耗计算通则（GB 2589—2008）[S].北京：中国标

准出版社 .

中国森林资源核算及纳入绿色 GDP 研究项目组，2004. 绿色国民经济框架下的中国森林资源核算研究 [M]. 北京：中国林业出版社 .

中国森林资源核算研究项目组，2015. 生态文明制度构建中的中国森林资源核算研究 [M]. 北京：中国林业出版社 .

中国生物多样性研究报告编写组，1998. 中国生物多样性国情研究报告 [M]. 北京：中国环境科学出版社 .

周国模，刘恩斌，佘光辉，2006. 森林土壤碳库研究方法进展 [J]. 浙江林学院学报，23（2）：207-216.

周璞，侯华丽，张惠，等，2021. 碳中和背景下提升土壤碳汇能力的前景与实施建议 [J]. 环境保护，49（16）：63-67.

ALI A A，XU C，ROGERS A，et al.，2015. Global-scale environmental control of plant photosynthetic capacity[J]. Ecological Applications，25（8）：2349-2365.

BELLASSEN V，VIOVY N，LUYSSAERT S，et al.，2011. Reconstruction and attribution of the carbon sink of European forests between 1950 and 2000[J]. Global Change Biology，17（11）：3274-3292.

CALZADILLA P I，SIGNORELLI S，ESCARAY F J，et al.，2016. Photosynthetic responses mediate the adaptation of two Lotus japonicus ecotypes to low temperature[J]. Plant Science，250：59-68.

CARROLL C，HALPIN M，BURGER P，et al.，1997. The effect of crop type, crop rotation, and tillage practice on runoff and soil loss on a Vertisol in central Queensland[J]. Australian Journal of Soil Research，35（4）：925-939.

CHEN C，PARK T，WANG X H，et al，2019. China and India lead in greening o f the world through landuse management [J]. Nature，2：122-129.

COSTANZA R，D ARGE R，GROOT R，et al.，1997. The Value of the World's ecosystem services and natural capital[J]. Nature，387（15）：253-260.

DAILY G C，1997. Nature's services：Societal dependence on natural ecosystems[M]. Washington D C：Island Press.

DAN W，BING W，XIANG N，2013. Forest carbon sequestration in China and its development[J]. China E-Publishing，4：84-91.

FANG J Y，CHEN A P，PENG C H，et al.，2001. Changes in forest biomass carbon storage in China between1949 and 1998[J]. Science，292：2320-2322.

FANG J Y，WANG G G，LIU G H，et al.，1998. Forest biomass of China: An estimate based on the biomass volume relationship[J]. Ecological Applications, 8 (4): 1084-1091.

FANG J Y, WANG G G, LIU G H, et al., 1998. Forest biomass of China: An estimate based on the biomass volume relationship[J]. Ecological Applications, 8 (4): 1084-1091.

FENG L, CHENG S K, SU H, et al., 2008. A theoretical model for assessing the sustainability of ecosystem services[J]. Ecological Economy, 4: 258-265.

GILLEY J E, RISSE L M, 2000. Runoff and soil loss as affected by the application of manure[J]. Transactions of the American Society of Agricultural Engineers, 43 (6): 1583-1588.

GOWER S T, MCMURTRIE R E, MURTY D, 1996. Above ground net primary production decline with stand age: Potential causes[J].Trends in Ecology and Evolution, 11 (9): 378-382.

IPCC, 2013. Contribution of working group I to the fifth assessment report of the intergovernmental panel on climate change. Climate Change 2013: the physical science basis [M]. Cambfige: Cambfige University Press.

MA (Millennium Ecosystem Assessment), 2005. Ecosystem and Human Well-Being: Synthesis[M]. Washington DC: Island Press.

MURTY D, MCMURTRIE R E, 2000. The decline of forest productivity as stands age: A model-based method for analysing causes for the decline[J].Ecological modelling, 134 (2): 185-205.

NIKOLAEV A N, FEDOROV P P, DESYATKIN A R, 2011. Effect of hydrothermal conditions of permafrost soil on radial growth of larch and pine in Central Yakutia [J]. Contemporary Problems of Ecology, 4 (2): 140-149.

NISHIZONO T, 2010. Effects of thinning level and site productivity on age-related changes in stand volume growth can be explained by a single rescaled growth curve[J]. Forest ecology and management, 259 (12): 2276-2291.

NIU X, WANG B, 2014. Assessment of forest ecosystem services in China: A methodology [J]. Journal of Food, Agriculture and Environment, 11: 2249-2254.

NIU X, WANG B, LIU S R, et al. 2012. Economical assessment of forest ecosystem services in China: Characteristics and Implications[J]. Ecological Complexity, 11: 1-11.

NIU X, WANG B, WEI W J, 2013. Chinese Forest Ecosystem Research Network: A platform for observing and studying sustainable forestry[J]. Journal of Food, Agriculture & Environment, 11 (2): 1008-1016.

NOWAK D J, HIRABAYASHI S, BODINE A, et al., 2013. Modeled PM2.5 removal by trees in ten US citiesand associated health effects[J].Environmental Pollution, 178: 395-402.

PALMER M A, MORSE J, BERNHARDT E, et al., 2004.Ecology for a crowed planet[J]. Science, 304：1251-1252.

POST W M, EMANUEL W R, ZINKE P J, et al., 1982.Soil carbon pools and world life zones[J].Nature, 298：156-159.

POWE N A, WILLIS K G, 2004. Mortality and morbidity benefits of air pollution (SO$_2$ and PM$_{10}$) absorption attributable to woodland in Britain [J]. Journal of Environmental Management, 70：119-128.

RICHARDS K R, STOKES C, 2004. A review of forest carbon sequestration cost studies：A dozen years of research[J].Climatic Change, 63（1-2）：1-48.

SMITH N G, DUKES J S, 2013. Plant respiration and photosynthesis in global scale models：Incorporating acclimation to temperature and CO$_2$ [J].Global Change Biology, 19（1）：45-63.

SONG C, WOODCOCK C E, 2003. Monitoring forest succession with multitemporal Landsat images：Factors of uncertainty[J].IEEE Transactions on Geoscience and Remote Sensing, 41（11）：2557-2567.

SONG Q F, WANG B, WANG J S, et al., 2016. Endangered and endemic species increase forest conservation values of species diversity based on the Shannon-Wiener index[J].Forest Biogeosciences and Forestry, 9（3）：469.

SUTHERLAND W J, ARMSTRONG B S, ARMSWORTH P R, et al., 2006. The identification of 100 ecological questions of high policy relevance in the UK[J].Journal of Applied Ecology, 43：617-627.

SUTHERLAND W J, ARMSTRONG-BROWN S, ARMSWORTH P R, et al., 2006. The identification of 100 ecological questionsof high policy relevance in the UK[J].Journal of Applied Ecology, 43：617-627.

TEKIEHAIMANOT Z, 1991. Rainfall interception and boundary conductance in relation to trees pacing[J]. Jhydrol., 123：261-278.

UK NATIONAL ECOSYSTEM ASSESSMENT, 2011. The UK National Ecosystem Assessment Technical Report[M]. UNEP-WCMC, Cambridge.

WANG B, REN X X, HU W, 2011. Assessment of forest ecosystem services value in China[J]. Scientia Silvae Sinicae, 47（2）：145-153.

WANG B, WANG D, NIU X, 2013a. Past, present and future forest resources in China and the implications for carbon sequestration dynamics[J].Journal of Food, Agriculture & Environment, 11（1）：801-806.

WANG B, WEI W J, LIU C J, et al., 2013b. Biomass and carbon stock in Moso Bamboo forests in subtropical China：Characteristics and Implications[J].Journal of Tropical Forest Science, 25（1）：137-148.

WANG B, WEI W J, XING Z K, et al., 2012. Biomass carbon pools of cunninghamia lanceolata（Lamb.）Hook.Forests in Subtropical China：Characteristics and Potential[J]. Scandinavian Journal of Forest Research：1-16

WANG R, SUN Q, WANG Y, et al., 2017. Temperature sensitivity of soil respiration：Synthetic effects of nitrogen and phosphorus fertilization on Chinese Loess Plateau[J].Science of The Total Environment, 574：1665-1673.

WOODALL C W, MORIN R S, STEINMAN J R, et al., 2010. Comparing evaluations of forest health based on aerial surveys and field inventories：Oak forests in the Northern United States[J].Ecological Indicators, 10（3）：713-718

XUE P P, WANG B, NIU X, 2013. A Simplified Method for Assessing Forest Health, with Application to Chinese Fir Plantat ions in Dagang Mountain, Jiangxi, China[J].Journal of Food, Agriculture & Environment, 11（2）：1232-1238.

ZHANG B, WENHUA L, GAODI X, et al., 2010. Water conservation of forest ecosystem in Beijing and its value[J]. Ecological Economics, 69（7）：1416-1426.

ZHANG W K, WANG B, NIU X, 2015. Study on the adsorption capacities for airborne particulates of landscapeplants in different polluted regions in Beijing（China）[J]. International Journal of Environmental Research and Public Health, 12（8）：9623-9638.

ZHOU G Y, LIU S G, ZANG D Q, et al., 2006. Old-growth forests can accumulate carbon in soils [J]. Science, 314（5804）：1417-1417.

# 附　表

## 表 1　IPCC 推荐使用的生物量转换因子（*BEF*）

| 编号 | a | b | 森林类型 | $R^2$ | 备注 |
|---|---|---|---|---|---|
| 1 | 0.46 | 47.50 | 冷杉、云杉 | 0.98 | 针叶树种 |
| 2 | 1.07 | 10.24 | 桦类 | 0.70 | 阔叶树种 |
| 3 | 0.48 | 30.60 | 杨树 | 0.87 | 阔叶树种 |
| 4 | 0.40 | 22.54 | 杉木 | 0.95 | 针叶树种 |
| 5 | 1.15 | 8.55 | 蒙古栎 | 0.98 | 阔叶树种 |
| 6 | 0.61 | 33.81 | 兴安落叶松 | 0.82 | 针叶树种 |
| 7 | 1.04 | 8.06 | 樟木、楠木、槠、青冈 | 0.89 | 阔叶树种 |
| 8 | 0.81 | 18.47 | 针阔混交林 | 0.99 | 混交树种 |
| 9 | 0.63 | 91.00 | 檫树落叶阔叶混交林 | 0.86 | 混交树种 |
| 10 | 1.09 | 2.00 | 樟子松 | 0.98 | 针叶树种 |
| 11 | 0.59 | 18.74 | 华山松 | 0.91 | 针叶树种 |

注：资料引自 Fang 等（2001）；生物量转换因子计算公式为 $B=aV+b$，其中 $B$ 为单位面积生物量；$V$ 为单位面积蓄积量；a、b 为常数；表中 $R^2$ 为相关系数。

## 表 2　不同树种组单木生物量模型及参数

| 序号 | 公式 | 树种组 | 建模样本数 | 模型参数 | |
|---|---|---|---|---|---|
| | | | | a | b |
| 1 | $B/V=a\,(D^2H)\,b$ | 杉木类 | 50 | 0.788432 | −0.069959 |
| 2 | $B/V=a\,(D^2H)\,b$ | 硬阔叶类 | 51 | 0.834279 | −0.017832 |
| 3 | $B/V=a\,(D^2H)\,b$ | 软阔叶类 | 29 | 0.471235 | 0.018332 |
| 4 | $B/V=a\,(D^2H)\,b$ | 红松 | 23 | 0.390374 | 0.017299 |
| 5 | $B/V=a\,(D^2H)\,b$ | 云冷杉 | 51 | 0.844234 | −0.060296 |
| 6 | $B/V=a\,(D^2H)\,b$ | 兴安落叶松 | 99 | 1.121615 | −0.087122 |
| 7 | $B/V=a\,(D^2H)\,b$ | 胡桃楸、黄波罗 | 42 | 0.920996 | −0.064294 |

注：资料引自李海奎和雷渊才（2010）。

# 附　件

## 植绿正当时，习近平强调绿色发展是我国发展的重大战略

　　4月4日，中共中央总书记、国家主席、中央军委主席习近平在参加首都义务植树活动时强调，当前和今后一个时期，绿色发展是我国发展的重大战略。人民网邀请专家进行解读。

　　4月4日，党和国家领导人习近平、李强、赵乐际、王沪宁、蔡奇、丁薛祥、李希、韩正等冒雨来到北京市朝阳东坝中心公园参加首都义务植树活动。这是习近平同大家一起植树。

　　当前和今后一个时期，绿色发展是我国发展的重大战略。开展全民义务植树是推进国土绿化、建设美丽中国的生动实践。各地区各部门都要结合实际，组织开展义务植物。要创新组织方式、丰富尽责形式，为广大公众参与义务植树提供更多便利，实现"全年尽责、多样尽责、方便尽责"。让我们积极行动起来，从种树开始，种出属于大家的绿水青山和金山银山，绘出美丽中国的更新画卷。

　　　　　　　　　　　　——2023年4月4日，习近平在参加首都义务植树活动时强调

### 专家解读

王兵

中国林业科学研究院研究员、博士生导师

　　4月4日，习近平总书记在植树时强调"绿色发展是我国发展的重大战略"。这个重大战略任务的实施，要求我们为"三生空间"注入更多绿色活力——

　　为"生产空间"增添更浓重的绿意。低碳排放、减少污染，逐步实现产业生态化，通过生态产业化实现"生产空间"的全面绿化。

　　为"生活空间"增添更多生态福祉。要让绿色成为"生活空间"的底色，通过提

供更多优质生态产品，不断满足人民日益增长的优美生态环境需要。

　　为"生态空间"增添更多生机活力。发挥森林作为水库、粮库、钱库、碳库的作用，将其转化为金山银山的压舱石和永恒底色，让森林全口径碳汇功能在"双碳"工作中大放异彩，以绿色发展擘画中国式现代化美好图景。


来源：人民日报、新华社

# 保护好来之不易的草原、森林，习近平强调坚持系统理念

2023 年 6 月 5 日至 6 日，中共中央总书记、国家主席、中央军委主席习近平在内蒙古自治区巴彦淖尔市考察，主持召开加强荒漠化综合防治和推进三北等重点生态工程建设座谈会并发表重要讲话。

要坚持系统观念，扎实推进山水林田湖草沙一体化保护和系统治理。要统筹森林、草原、湿地、荒漠生态保护修复，加强治沙、治水、治山全要素协调和管理，着力培育健康稳定、功能完备的森林、草原、湿地、荒漠生态系统。要强化区域联防联治，打破行政区域界限，实行沙漠边缘和腹地、上风口和下风口、沙源区和路径区统筹谋划，构建点线面结合的生态防护网络。要优化农林牧土地利用结构，严格实施国土空间用途管控，留足必要的生态空间，保护好来之不易的草原、森林。

——2023 年 6 月 6 日，习近平在加强荒漠化综合防治和推进三北等重点生态工程建设座谈会上的讲话

## 专家解读

王兵

中国林业科学研究院研究员、博士生导师

三北工程建设影响着东北林草交错生态脆弱区、北方农牧交错生态脆弱区、西北荒漠绿洲交接生态脆弱区的保护，因此必须坚持系统观念，以水定绿，扎实推进山水林田湖草沙一体化保护和系统治理——

在东北林草交错生态脆弱区，要大力提升其生态系统的质量和稳定性，进而全力打好荒漠化土地治理歼灭战；在北方农牧交错生态脆弱区，要坚持"宜林则林、宜牧则牧，打赢防沙治沙攻坚战；在西北荒漠绿洲交接生态脆弱区，要提升水源涵养能力，打好防沙治沙阻击战。

因地制宜，分区施策，以系统治理的方式共同筑牢生态安全屏障。

来源：人民日报、新华社

# 中国林业产业联合会生态产品监测评估与价值实现专业委员会上的讲话

王兵

各位领导、嘉宾、学术同行大家好！

感谢中国林业产业联合会对专委会的支持，感谢以尹伟伦院士为首的特聘专家队伍对专委会的帮助，也感谢专委会全体会员共同的努力和付出。

2021 年 4 月，中共中央办公厅、国务院办公厅印发《关于建立健全生态产品价值实现机制的意见》，我们就向中国林业产业联合会申请成立生态产品分会，该申请得到了中国林业产业联合会封加平会长的大力支持和高度肯定。在封加平会长的支持下，以及中国林业产业联合会相关部门的关心和帮助下，中国林业产业联合会生态产品监测评估与价值实现专业委员会在今天正式成立。

首先，对我个人而言，这是一个天大的喜事。因为一个人的职业生涯是有限的，在我即将到达 60 岁甲子的年龄，以一个理事长的身份面对大家，我特别地高兴。其次，对专委会的全体同行、团队站友，我们得到了一个更高的展示平台。在这样的高度上，专委会要对中国的林业产业作一些贡献，我想在座的各位同仁也是同样的想法。第三，中国林业产业联合会现在的组织架构已经从原来传统的第一产业——种植业，第二产业——林木加工业，第三产业——林草旅游业，转变为涵盖第四产业——生态产品产业全新完整的产业链。

专委会成立的目的是为了精准量化绿水青山到底值多少金山银山，精准量化林草湿构成的生态空间，其绿色"水库"的库容有多少？中和二氧化碳的碳中和能力是多少？生物多样性保育价值的"基因库"又是多大？以及林草湿生态系统的生态康养功能，对社会又有多少价值？这是专委会成立的第一项工作。只知道是多少还不够，接下来专委会还要努力打通林草湿生态产品价值化实现的路径。按照中共中央办公厅、国务院办公厅的文件要求，生态产品价值化路径要把其监测、评估、开发、补偿、保障和推进这 6 大路径打通。专委会现在有底气更有信心的原因，是因为基于中国森林生态系统定位研究网络这个平台，已拥有近百个野外科学观测研究站，已经在国内外处于生态产品监测的一个领先的地位。同时，在生态产品评估方面，依托生态产品价值评估规范的国家标准《森林生态系统服务功能评估规范》

---

＊ 王兵，研究员，博士生导师，中国林业科学研究院森林生态环境与自然保护研究所首席专家，国家陆地生态系统定位观测研究站森林生态站专业组组长、中国林业产业联合会生态产品监测评估与价值实现专委会理事长。

（GB/T 38582—2020），以及出版发布的国家评估报告，特别是天然林保护工程的效益监测、退耕还林工程的效益监测，中国森林资源绿色核算的国家报告，和国家林草生态综合监测白皮书等成果作为专委会团队的技术支撑和底气来源，因此在评估方面，专委会已处于国内外先进行列。有了监测和评估两个机制的加持和保障，现在专委会也有信心把中国林草湿生态产品的价值实现路径找到并向前推进，突破生态产品"交易难、变现难、抵押难"的瓶颈。

专委会之所以这么有信心，是因为我看到了一个成功的范例，此时此刻，我们站在"雪如意"顶峰会议室，透过大楼的窗，就可以看到崇礼太子城的绿水青山，通过 2022 年冬奥会的引领，现在已经逐步转化成金山银山。通过监测、评估和生态产品价值实现，崇礼太子城的冰天雪地，将有更大的空间变成金山银山，这也是专委会树立的一个目标。

天赐良机，让我们在对的时间、对的地点成立了专委会。之后是天道酬勤，因为专委会有了生态产品监测评估的系列国家标准《森林生态系统长期定位观测方法》（GB/T 33027—2016）、《森林生态系统长期定位观测指标体系》（GB/T 35377—2017）、《森林生态系统服务功能评估规范》（GB/T 38582—2020）以及《森林生态系统长期定位观测研究站建设规范》（GB/T 40053—2021），以及系列国家报告和"十四五"时期国家重点出版物出版专项规划项目"中国山水林田湖草生态产品监测评估及绿色核算"系列丛书的加持，专委会的天道酬勤必将有一个好的结果。天赐良机和天道酬勤之后，就会天降恩惠。我此时仿佛和在座的各位一起看到了我们林草湿生态产品带给人类的福祉和贡献。我眼前仿佛出现了一幅美好的生态画卷，我好像听到了林草的漫歌、江河的心跳、土壤的呼吸、种子的心声、天空的呢喃、森林的脚步、飞鸟的啼鸣，这些万物共生的生态产品正在为全社会的人类带来福祉，也为专委会推动生态产品价值化也带来了各种机遇。

我保证，将带领专委会的各位同仁一起努力，把专委会工作搞得更好，不辜负封加平会长和尹伟伦院士，以及各位专家、领导们的期望和厚爱，谢谢大家！

# "中国山水林田湖草生态产品监测评估及绿色核算"系列丛书目录*

1. 安徽省森林生态连清与生态系统服务研究，出版时间：2016年3月

2. 吉林省森林生态连清与生态系统服务研究，出版时间：2016年7月

3. 黑龙江省森林生态连清与生态系统服务研究，出版时间：2016年12月

4. 上海市森林生态连清体系监测布局与网络建设研究，出版时间：2016年12月

5. 山东省济南市森林与湿地生态系统服务功能研究，出版时间：2017年3月

6. 吉林省白石山林业局森林生态系统服务功能研究，出版时间：2017年6月

7. 宁夏贺兰山国家级自然保护区森林生态系统服务功能评估，出版时间：2017年7月

8. 陕西省森林与湿地生态系统治污减霾功能研究，出版时间：2018年1月

9. 上海市森林生态连清与生态系统服务研究，出版时间：2018年3月

10. 辽宁省生态公益林资源现状及生态系统服务功能研究，出版时间：2018年10月

11. 森林生态学方法论，出版时间：2018年12月

12. 内蒙古呼伦贝尔市森林生态系统服务功能及价值研究，出版时间：2019年7月

13. 山西省森林生态连清与生态系统服务功能研究，出版时间：2019年7月

14. 山西省直国有林森林生态系统服务功能研究，出版时间：2019年7月

15. 内蒙古大兴安岭重点国有林管理局森林与湿地生态系统服务功能研究与价值评估，出版时间：2020年4月

16. 山东省淄博市原山林场森林生态系统服务功能及价值研究，出版时间：2020年4月

17. 广东省林业生态连清体系网络布局与监测实践，出版时间：2020年6月

18. 森林氧吧监测与生态康养研究——以黑河五大连池风景区为例，出版时间：2020年7月

19. 辽宁省森林、湿地、草地生态系统服务功能评估，出版时间：2020年7月

---

\* 本套丛书中1～20种原丛书名为"中国森林生态系统连续观测与清查及绿色核算"系列丛书